北大版留学生预科汉语教材·读写教程系列

初级

刘立新 编著

阅读与写作教程

Elementary Chinese Reading and Writing Course

Ⅰ

北京大学出版社
PEKING UNIVERSITY PRESS

图书在版编目(CIP)数据

初级汉语阅读与写作教程 I / 刘立新编著. —北京：北京大学出版社，2006.9
(北大版留学生预科汉语教材·读写教程系列)
ISBN 978-7-301-07828-0

Ⅰ.初… Ⅱ.刘… Ⅲ.①汉语–阅读教学–对外汉语教学–教材 ②汉语–写作–对外汉语教学–教材 Ⅳ.H195.4

中国版本图书馆 CIP 数据核字(2006)第 107610 号

| 书　　　　名：初级汉语阅读与写作教程 I
| 著作责任者：刘立新　编著
| 责 任 编 辑：吕幼筠
| 标 准 书 号：ISBN 978-7-301-07828-0/H·1146
| 出 版 发 行：北京大学出版社
| 地　　　　址：北京市海淀区成府路 205 号　100871
| 网　　　　址：http://www.pup.cn
| 电　　　　话：邮购部 62752015　发行部 62750672　编辑部 62752028　出版部 62754962
| 电 子 邮 箱：lvyoujun99@yahoo.com.cn
| 印　刷　者：北京大学印刷厂
| 经　销　者：新华书店
| 　　　　　787 毫米×1092 毫米　16 开本　12.25 印张　300 千字
| 　　　　　2006 年 9 月第 1 版　2019 年 8 月第 6 次印刷
| 定　　价：30.00 元

未经许可，不得以任何方式复制或抄袭本书之部分或全部内容。
版权所有，侵权必究　　举报电话：010-62752024
　　　　　　　　　　　电子邮箱：fd@pup.pku.edu.cn

序

　　随着对外汉语教学理论的探讨步步深入,对外汉语教学实践的内容不断丰富,人们对四项技能的认识发生了很大改变。20世纪60年代的"听说领先"为"四项技能全面要求,不可偏废"所取代。80年代,课程分技能设课,教材也分技能编写。然而听说读写四项技能训练的效果和水平在外国留学生中是不平衡的。这主要取决于学生的选择。一般说来,学生投入精力大的是听和说,对阅读和写作较为轻视。这种情况导致入本科学习专业的留学生深感阅读和写作能力达不到专业学习的要求,和同班学习的中国学生有着很大差距。不仅阅读专业参考书有困难,完成作业、小论文甚至写读书报告都要请中国同学帮助。于是,在专业学习的同时,不得不继续补习汉语,尤其是阅读和写作两门课。

　　在这种情况下。北京大学对外汉语教育学院预科教研室的几位教师在总结预科教学经验的基础上,吸收国内外阅读和写作研究的新成果,精心设计、科学安排,编写出了一套初中高系列《汉语阅读与写作教程》。这套教材有如下几个特点:

1. 选材新

　　阅读材料为学习者提供极具吸引力和典型性的语言范本,可读性强,涵盖面广,适用范围大。

2. 训练方式新

　　针对不同层次的学习者采取不同的训练方式。初级阅读技巧训练侧重在字、词、句和语段切分,写作技巧训练侧重应用文、书信、记叙文等的基本训练。中级阅读技巧训练项目有抓中心意思、猜词方法、时间顺序、重复阅读、作者意图等,写作技巧训练完全配合阅读技巧训练,议论文配合抓中心意思,记叙文配合时间顺序等,把阅读训练与写作指导紧密结合起来。全套教程的阅读训练设置了"合作学习"、"相关链接"、"学习收获"等项目,写作训练采取示范、样式模板、要点讲解等行之有效的手段。

3. 目标明确

　　这套系列教程分三个层次,每个层次的重点不同。初级本注重习惯培养,中级本注重知识积累,高级本侧重专业学术性。教学要求则是与HSK密切结合:学完初级两册,达到5级水平;学完中级两册,达到7级水平;学完高级两册,达到HSK高级水平。

参与编写这套教材的刘立新、张园和赵昀晖都是有着十年以上对外汉语教学经验的教师,她们不仅专业功底扎实,而且谙熟教学技巧,编写过多部对外汉语教材,积累了丰富的编写经验。这套系列教程融注了她们多年的心血和积累,我确信这是一套独具特色、实用高效的好教材。

郭振华
2006年7月

前 言

《汉语阅读与写作教程》系2005—2006年北京大学主干基础课立项教材。全套书共有初级、中级、高级三个系列,每个系列分Ⅰ、Ⅱ两册。

初级本的使用对象是具有一定汉语基础、掌握了800—1000汉语词汇、汉语水平相当于HSK3级的留学生。本书注重阅读与写作的有机结合,培养学习者的基本阅读技能和写作技能。无论是阅读部分还是写作部分的安排和设计,均以国内外汉语教学界先进理论成果为指导,尽量组成一个严密完整的汉语阅读写作训练体系。学完本阶段教材应达到中级初始水平。

基本结构

每册共12课和2个复习课,每课包含两篇阅读和一篇写作,因而可以延伸为26篇阅读和12篇写作内容。主课文既是阅读材料,同时也可作为写作范例或参考材料。复习课可用于复习、测试或补充学习。

各课结构为:学习目的(包括内容提示、阅读技巧、写作要求)——热身问题——阅读材料(包括阅读提示)——个人理解——阅读练习——重点词语——词语练习——合作学习——写作练习(包括写作模板和要求)——相关链接。

关于阅读

材料来源:均选自具有代表性和权威性的报刊或网站,具有趣味性、广泛性和新鲜感、时代感,尽量为学习者提供具有吸引力和典型性的语言范本。

阅读量:Ⅰ册200—400字/篇,Ⅱ册400—600字/篇。

对阅读速度的要求:Ⅰ册90—100字/分钟,Ⅱ册100—110字/分钟。

阅读技巧:Ⅰ册偏重词句的分析,包括字形分析、词的划分、构词的基本方法、词组与短语类型分析、意群划分、找句子的主要成分、简化句子、标牌阅读、找关键词语等。Ⅱ册逐步向段落及语篇分析过渡,包括寻找关键词句、关联词语、猜词方法、缩略阅读法和根据上下文推测意思等等。

关于写作

Ⅰ册包括文章的基本格式、标点符号的使用、便条的写法、记叙文的三段式叙述、简单场景描写、按照时间顺序进行叙述、文章的修改符号、书信格式、文章开头的艺术等等。Ⅱ册包括启事、申请、日记、小游记、说明文、记叙文的进一步训练以及简单议论文的写作等等。

所有的写作练习都是以其中一个阅读材料为范本,对某一技能进行训练。学生可利用阅读材料或写作模板进行模仿写作,从而掌握最基本的汉语写作方法,并逐步向中级过渡。

关于练习

包括阅读理解练习、词语练习、写作练习几个部分。

前边所述的阅读和写作各项技能,全部融入练习之中,使学生在做练习的过程中自然养成一种阅读习惯,掌握一些基本的写作方法。重点词语练习,则是针对实用性较强的词语进行有效的训练,目的在于增加学生的词汇量,为提升其阅读写作能力做铺垫。

许多练习借鉴了HSK阅读理解试题的形式,对参加HSK考试的学生也有一定的帮助。书后附有部分练习答案,可供自学者参考。

另外,在每课最后附有"相关链接",有的是与本课内容相关的补充材料,有的是与阅读或写作技巧有关的常识,有的则提供一个扩展学习的途径,目的在于培养学生学习的主动性和良好的学习习惯,使阅读与写作成为一个开放性的学习过程。

需要特别强调的是,本套教材的设计均采用自上而下—自下而上的方式,从泛读到精读,从全文到词汇,不鼓励学生使用字典,因而阅读理解在先,重点词语与词汇练习在后。这也是本书的特色,请教师和学生使用时加以注意。

本书在教学中经过一个学期的试用,多次修改成形,但是一定仍有值得探讨之处,敬请同行们批评指导。

最后,我们要感谢北大出版社编辑吕幼筠女士对本教材倾注的心血,尤其要感谢北大对外汉语教育学院王若江老师对本套教材的指导和关注,感谢张园老师的基础构想和精心设计,感谢构思香女士的精美插图,更要感谢本书所选阅读材料的作者们对我们的支持。由于客观条件的限制,很多作者未能联系上,在此表示深深的歉意,请有关作者看到此书后及时与编者取得联系,联系方式是:lixinliu@pku.edu.cn。

编 者

2006年9月1日

目　录

第 一 课　留　言 ··· 1
　　阅读一　该起床了 ··· 1
　　阅读二　出门留言 ··· 6

第 二 课　伐木工人与木匠 ·· 13
　　阅读一　伐木工人 ··· 13
　　阅读二　表 ·· 18

第 三 课　标点的妙用 ·· 24
　　阅读一　你赢她输 ··· 24
　　阅读二　下雨天 ··· 29

第 四 课　三个人 ·· 35
　　阅读一　三个建筑工人 ······································ 35
　　阅读二　一只蜘蛛与三个人 ································ 40

第 五 课　教训 ·· 47
　　阅读一　鞋 ·· 47
　　阅读二　麻雀 ··· 53

第 六 课　见字如面 ··· 60
　　阅读一　父亲的信 ··· 60
　　阅读二　一封家书 ··· 65

综合练习（一） ·· 72

第 七 课　至爱 ·· 81
　　阅读一　没有上锁的门 ························· 81
　　阅读二　父母心 ································· 87

第 八 课　成语故事 ···································· 93
　　阅读一　此地无银三百两 ····················· 93
　　阅读二　塞翁失马 ····························· 98

第 九 课　请勿入内 ··································· 104
　　阅读一　请勿　禁止　严禁 ················ 104
　　阅读二　食用说明 ····························· 109

第 十 课　是真是假 ··································· 117
　　阅读一　让人哭笑不得的请假理由 ········ 117
　　阅读二　关于请假 ····························· 123

第十一课　眼见为实 ·································· 132
　　阅读一　姆佩姆巴效应 ······················· 132
　　阅读二　提示 ··································· 137

第十二课　细节与成功 ································ 145
　　阅读一　成功从脱鞋开始 ···················· 145
　　阅读二　招聘 ··································· 151

综合练习(二) ·· 157

部分练习参考答案 ······································ 166

词汇总表 ·· 179

第一课　留　言

学习目的

1. 内容提示：幽默小故事
2. 阅读技巧：字形分析（一）
3. 写作要求：便条（一）——留言条

热身问题

如果夫妻吵了架，最有可能怎么样？

阅读 一

该起床了

提示：不查字典，遇到不会的字或词语先画下来，猜意思

字数：218字

时间：3分钟

丈夫和妻子吵架以后，互相不说话。晚上睡觉以前，丈夫发现家里的闹钟停了。他第二天要早起上班，怕自己起不来，所以想让妻子叫自己，因为妻子每天很早起床。可丈夫是个很爱面子的人，

不想马上跟妻子说话,于是就给妻子写了一张条子,放在桌上。条子上写的是:

> 明早六点,
> 叫我起床。

第二天早上丈夫醒来时,已经八点半了!妻子已经上班去了。丈夫很生气,可又一想:是不是她没看到我写的条子呢?他往桌子上一看,条子还在,但是上边多了几个漂亮的小字:

> 该起床了!
> 　　　　早上六点

个人理解

1. 文章中的哪一部分给你的印象最深刻?
2. 你认为真会发生这样的事吗?

阅读理解

一 根据课文内容选择

1. 夫妻互相不说话的原因是:
   a. 丈夫打了妻子　　　　　　b. 妻子打了丈夫
   c. 他们吵架了　　　　　　　d. 丈夫每天上班太早了

2. 丈夫给妻子留言,是因为:
   a. 丈夫怕丢面子　　　　　　b. 丈夫向妻子道歉
   c. 丈夫怕妻子生气　　　　　d. 丈夫不敢跟妻子说话

3. 丈夫给妻子留言的内容是：

    a. 对她说爱她　　　　　b. 要她叫自己起床

    c. 对她说对不起　　　　d. 让她早点儿做早饭

二 根据课文内容判断正误

☐ 1. 丈夫每天比妻子起得晚。

☐ 2. 丈夫很爱面子。

☐ 3. 睡觉前，妻子给丈夫写了一张条子。

☐ 4. 妻子没有工作，是家庭妇女。

☐ 5. 丈夫打算六点起床。

☐ 6. 妻子没有叫丈夫起床。

☐ 7. 丈夫八点才醒。

☐ 8. 丈夫没有看到妻子的留言。

☐ 9. 妻子的字很漂亮。

重点词语

1. 吵架	（动）	chǎojià	to quarrel; have a row
2. 互相	（副）	hùxiāng	each other
3. 发现	（动）	fāxiàn	to find
4. 闹钟	（名）	nàozhōng	clock
5. 停	（动）	tíng	to stop
6. 爱面子		ài miànzi	to be concerned about face-saving
7. 条子	（名）	tiáozi	a brief informal note
8. 醒	（动）	xǐng	to wake up
9. 往	（介）	wǎng	toward; to

词汇练习

一 选词填空

| 发现 | 往 | 怕 | 条子 | 睡觉 | 放 | 该 | 醒 |
| 上班 | 吵架 | 在 | 起床 | 停 | 第二天 | 生气 |

丈夫和妻子(　　)以后,互相不说话。晚上要(　　)的时候,丈夫(　　)家里的闹钟(　　)了。丈夫(　　)要早起上班,(　　)自己起不来,他又不想跟妻子说话,就给妻子写了一张(　　),(　　)在桌上。条子上写的是:"明天早上六点,叫我(　　)。"

第二天早上,丈夫(　　)来时,已经八点半了,妻子已经(　　)去了。丈夫很(　　),又一想:是不是她没有看到我写的条子呢?他(　　)桌子上一看,条子还(　　),但是上边多了几个漂亮的小字:"(　　)起床了!"

二 选择合适的词语完成句子

1. 他们天天(吵架 / 吵说),我们已经习惯了。
2. 我们是好朋友,应该(互相 / 你我)帮助。
3. 回家的时候,我(发现 / 发生)门上有一张留言条。
4. 我怕上课迟到,所以准备了三个(闹钟 / 时间)。
5. 现在几点了?我的表又(睡觉 / 停)了。
6. 人人都(爱面子 / 丢面子),你别在大家面前批评他。
7. 你看看这张(条子 / 信)上写的是什么?
8. 孩子太累了,妈妈叫了半天也没叫(醒 / 睡)他。
9. (住 / 往)前走,过两个红绿灯就能看见邮局了。

三 从每一组中找出特殊词语

例:丈夫　　妻子　　⟨桌子⟩

1. 条子　　电话　　笔
2. 吵架　　说话　　汉字
3. 发现　　看见　　想法
4. 闹钟　　本子　　表
5. 上班　　周末　　迟到
6. 怕　　　吃　　　惊
7. 起床　　醒　　　唱歌

小组合作,填写表格

阅读一中出现的形旁	形旁名称	本课例字	你知道的其他汉字
口	口字旁	吵 叫	
木	木字旁	相	
讠	言字旁	说 话 该	
日	日字旁	晚 明	
目	目字旁	睡	
王	斜玉旁	现	
亻	单人旁	停 他	
忄	竖心旁	怕	
彳	双人旁	很 往	

热身问题

你有在门上给别人留言的习惯吗?

阅读 二

出门留言

提示:注意便条上的字
字数:192字
时间:2分钟

　　王教授听说酸奶对身体非常好,而且能美容,所以她每月都订,天天都喝。这一天,她接到一个通知,请她到上海开两天会。出发前,她在家门上贴了一张便条:

> 送奶的先生:
> 　　今明两天无人在家,请不要留任何东西!
>
> 　　　　　　　　　　　　　　主人
> 　　　　　　　　　　　3月8日早八点

　　两天以后,当王教授回到家时,发现家门大开,她大叫一声:"不好!"进屋一看,家中的电视、冰箱、电脑、洗衣机都被偷走了。在客厅的桌子上,有这样一张条子:

> 谢谢!
> 我们没有留下多少东西!

个人理解

1. 读这篇文章时你的心情是怎样的？
2. 文章中的哪个句子给你的印象最深？

阅读理解

一 根据课文内容选择正确答案

1. 王教授订酸奶是因为：
   a. 便宜　　　b. 好喝　　　c. 对身体好　　　d. 有送奶工

2. 王教授外出是为了：
   a. 上课　　　b. 开会　　　c. 研究　　　d. 旅行

3. 王教授出发以前：
   a. 给送奶公司打了个电话　　b. 在门上留了一张条子
   c. 告诉邻居　　　　　　　　d. 什么也没有做

4. 王教授的条子是写给谁的？
   a. 邻居　　　b. 送奶工　　c. 小偷　　　d. 学生

5. 王教授回家以后发现：
   a. 有客人在门外等着　　　　b. 家里被偷了
   c. 酸奶全坏了　　　　　　　d. 酸奶没有送来

二 回答问题

1. 喝酸奶有什么好处？
2. 王教授为什么要外出两天？
3. 她在门上的留言内容是什么？
4. 她什么时候回到家的？
5. 她发现了什么？

6. 客厅桌子上的留言条是谁写的？

重点词语

1. 教授	（名）	jiàoshòu	professor
2. 酸奶	（名）	suānnǎi	yoghurt
3. 美容	（动）	měiróng	to improve (a woman's) looks
4. 订	（动）	dìng	to order
5. 通知	（名）	tōngzhī	notice
6. 贴	（动）	tiē	to paste; to stick
7. 便条	（名）	biàntiáo	(informal) note
8. 无(人)	（动）	wú (rén)	nobody
9. 留	（动）	liú	to leave
10. 任何	（代）	rènhé	any
11. 冰箱	（名）	bīngxiāng	refrigerate
12. 偷	（动）	tōu	to steal

词汇练习

一 选词填空

　　教授　酸奶　美容　订　通知　贴　留　任何　冰箱　偷

1. 很多人不能喝牛奶，但是可以喝(　　　　)。
2. (　　　　)里有酸奶，你自己拿吧。
3. 他是国际关系学院的(　　　　)。
4. 做了半年(　　　　)以后，她看起来年轻了十岁。
5. 现在开始预(　　　　)明年的报纸了，你想好了吗？
6. 来人啊！有人(　　　　)自行车！
7. 妈妈上班以前，给我(　　　　)下一百块钱。
8. 请把邮票(　　　　)在右上角。
9. 有关考试的时间和地点，请看网上的(　　　　)。

10. 记住,不要给(　　　)不认识的人开门。

二 词语联想:从这个词你可以想到什么

例:便条:纸　字不多　笔

1. 教授:
2. 美容:
3. 冰箱:
4. 酸奶:

三 词语搭配

1. 订　　　　　a. 通知
2. 留　　　　　b. 东西
3. 贴　　　　　c. 牛奶
4. 偷　　　　　d. 条子

合作学习

小组合作,填写表格

阅读二中出现的形旁	形旁名称	本课例字	你知道的其他汉字
扌	提手旁	授 接	
女	女字旁	奶 好	
氵	三点水	海 漂 没 洗	
辶	走之旁	送 进	
宀	宝盖头	家 客	
冫	两点水	冰	
竹	竹字头	箱	

留言条模板

称呼【顶格】
　　内容【前边空两个字】
　　　　　　　　　　　　　　姓名【右下】
　　　　　　　　　　　　　　时间

示例

张三：
　　请给老李回电话。有急事。
　　　　　　　　　　　　　　小王
　　　　　　　　　　　3月20日下午三点

李四：
　　我陪朋友去西单了，中午回不来，你不用等我吃饭了。
　　　　　　　　　　　　　　刘
　　　　　　　　　　　　　　9:40

王五：
　　今天路过北大，顺便来看你，可是你不在，真遗憾。有空儿多联系吧！我现在的电话是：62751916。
　　　　　　　　　　　　　　张三
　　　　　　　　　　　　　　3月25日

一 片断练习

1. 抄写例子中的一个便条，然后仿照它的内容再写一个。

2. 把阅读一中的内容改动一下：

　　丈夫和妻子很相爱，丈夫回家晚了，不想吵醒已经睡着的妻子，所以给妻子写了一张条子，希望她早上六点叫他起床。

　　请你根据这个情景写出留言条。

二 根据模板写一张留言条(注意格式)

参考情景(可选两个)

1. 母亲病了，正在睡觉，你要去给她买药，出门以前你写一张条子放在床边的桌子上。
2. 你去同学宿舍给她送今天晚上的电影票，她不在，你给她留言。
3. 你在广州有一个好朋友叫王风，很久没有见过面了。现在你的哥哥要去广州开会，可以见到你的好朋友。你让哥哥给你的朋友带一包他爱吃的东西，同时还有一张留言条。
4. 你有一个网友，名字叫"秋天的云"，你们在网上约定今天下午在公园湖边的第一棵树下见面，可是到了约会的时候你忽然不敢见她了，你写了一张条子请你的好朋友交给她。你的网名是"冬天的火"。

汉字的字形特点

　　汉字从结构上分，可以分为独体字与合体字两类：由笔画直接组合而成的字叫独体字，如"日"、"月"、"天"；由几个结构单位组合而成的字叫合体字，如"江"、"他"、"草"。

　　80%的汉字是形声字。也就是说一个汉字常常分为声旁(也叫声符)和形旁(也叫义符)两个部分：声旁代表发音，形旁代表意义。在我们阅读的时候，常常可以根据形旁的特点猜测字词的意义。比如，第一课中的"吵"、"叫"这两个字，就一定和"口"有关。

从这一课你学到了什么

1. _____

2. _____

第二课 伐木工人与木匠

●学习目的●

1. 内容提示：生活启示
2. 阅读技巧：字形分析(二)
3. 写作要求：文章最基本的格式

●热身问题●

1. 如果让你砍一棵树,你最需要的是什么?
2. 遇到困难的时候,你一般会怎么样?

阅读

伐木工人

提示：注意与"伐木"有关的动词
字数：234 字
时间：3 分钟

有个年轻的伐木工人,在一家木材厂找到了工作,工作条件不错，工资也不低。老板给了他一把锋利的斧子，并告诉他伐木的范围。他下决心好好干。

第一天，他砍了十八棵树。老板高兴地说："不错，就这么干！"这个工人很受鼓舞。

第二天，他干得更加起劲儿，但是只砍了十五棵树。

第三天，他加倍努力，可是仅砍了十棵树。

这个工人觉得很惭愧，就去老板那里道歉，说自己不知怎么了，好像力气越来越小了。

老板问他："你上一次磨斧子是什么时候？"

"磨斧子？"年轻人说："我天天忙着砍树，哪里有时间磨斧子！"

（据2005年6月新世界出版社《小故事大智慧》，雅琴编著）

个人理解

1. 读这篇文章时，你想到了什么？
2. 你对文章中哪一部分印象深刻？

阅读理解

一　根据课文回答问题

1. 故事的主人公是谁？
2. 他的工作怎么样？
3. 他第一天工作得怎么样？
4. 第二天的情况怎么样？
5. 第三天呢？
6. 工人为什么去向老板道歉？
7. 老板的问话是什么意思？

二 根据课文内容判断正误

☐ 1. 伐木工人的工作条件不太好,但是他很喜欢。
☐ 2. 他对工资很满意。
☐ 3. 老板给了工人一把不好用的斧子,所以他砍树砍得很慢。
☐ 4. 他是个很努力的工人。
☐ 5. 工人砍的树一天比一天少。
☐ 6. 工人知道他越干越慢的原因。
☐ 7. 老板不知道工人越干越慢的原因。
☐ 8. 工人每天都磨斧子。
☐ 9. 工人并没有明白老板的问话。

三 根据课文内容选择画线部分的解释

1. 这个工人很<u>受</u>鼓舞。
  a. 受到 b. 收到 c. 爱

2. 第二天,他<u>干得更加起劲儿</u>,但是只砍了十五棵树。
  a. 更有干劲 b. 干起来 c. 没力气

3. 第三天,他加倍努力,可是<u>仅</u>砍了十棵树。
  a. 又 b. 只 c. 也

4. 这个工人觉得很惭愧,就去老板那里<u>道歉</u>。
  a. 说说 b. 说对不起 c. 不高兴

5. 我天天忙着砍树,<u>哪里有时间</u>磨斧子!
  a. 没有时间 b. 时间在哪里 c. 有时间

重点词语

1. 伐木	(动)	fámù	lumbering; felling
2. 木材	(名)	mùcái	wood; timber; lumber
3. 条件	(名)	tiáojiàn	condition

4. 工资	（名）	gōngzī	wages; pay
5. 锋利	（形）	fēnglì	sharp; keen
6. 斧子	（名）	fǔzi	axe; hatchet
7. 范围	（名）	fànwéi	scope; limits; range
8. 下决心		xià juéxīn	to make up one's mind
9. 砍	（动）	kǎn	to cut; to chop; hack
10. 鼓舞	（名）	gǔwǔ	hearten
11. 起劲儿	（形）	qǐjìnr	enthusiastically
12. 加倍	（副）	jiābèi	redouble
13. 仅	（副）	jǐn	only
14. 惭愧	（形）	cánkuì	be ashamed
15. 道歉	（动）	dàoqiàn	to apologize; make an apology
16. 力气	（名）	lìqi	physical strength; effort
17. 磨	（动）	mó	to grind; to polish

词汇练习

一　从每一组中找出特殊词语

1. 砍　　　磨　　　伐
2. 仅　　　只　　　又
3. 木材　　树　　　工厂
4. 工资　　老板　　力气
5. 努力　　力气　　起劲

二　词语搭配(可以多选)

1. 下　　　　a. 树
2. 找　　　　b. 木
3. 伐　　　　c. 斧子
4. 砍　　　　d. 决心
5. 磨　　　　e. 工资
6. 增加　　　f. 工作

三 选词填空

　　加倍　惭愧　范围　下决心　力气　条件　起劲儿

1. 老师,我们的考试(　　)是什么?
2. 你有什么(　　)?说吧,只要有可能,我们就满足你。
3. 他(　　)不再抽烟了,可是没过几天又抽了起来。
4. 看到很多人在看自己,他跳得更(　　)了。
5. 我做了对不起她的事,可是她对我还是像过去一样,我觉得很(　　)。
6. 我逛了四个小时的街,回到家已经没有一点儿(　　)了。
7. 听了父亲的话,我要(　　)努力学习。

合作学习

一 小组活动

1. 分组表演,三人一组,一个人是老板,一个人是工人,一个人是画外音。
2. 讨论:这个故事说明了什么?

二 填写表格

阅读一中出现的形旁	形旁名称	本课例字	你知道的汉字
车	车字旁	轻	
钅	金字旁	错 锋	
艹	草字头	范	
囗	囗(wéi)字框	围	
石	石字旁	砍	

热身问题

1. 你有过丢东西的经历吗?
2. 东西忽然找不到时,你一般会怎么样?

阅读 二

表

提示:不查字典,利用上下文猜测加点的词语
字数:204 字
时间:2 分钟

一个木匠在干活儿的时候,不小心把手表碰掉了。地上满是木屑,他一面大声抱怨自己倒霉,一面拨动地上的木屑,想找出他那只心爱的手表。

许多伙伴围过来与他一起寻找。可是找了半天,仍然一无所获。等这些人去吃饭的时候,木匠的孩子悄悄地走进屋里,没过一会儿工夫,他居然把手表给找到了!

木匠又高兴又惊奇地问孩子:"你是怎么找到的?"

孩子说:"我只是静静地坐在地上,一会儿我就听到'嘀嗒'、'嘀嗒'的声音,就知道手表在哪里了。"

(据2004年8月海潮出版社《小故事大道理:让自己安静下来》,雅琴编著)

个人理解

1. 读完这篇文章,你的第一感觉是什么?
2. 你怎么评价木匠的孩子?

阅读理解

一 猜测画线部分的意思并说明理由

1. 一个木匠在干活儿的时候,不小心把手表碰掉了,地上满是<u>木屑</u>。
2. 许多伙伴围过来与他一起寻找。可是找了半天,仍然<u>一无所获</u>。
3. 木匠的孩子悄悄地走进屋里,没过一会儿<u>工夫</u>,他居然把手表给找到了!
4. 我听到"嘀嗒"、"嘀嗒"的声音,就知道手表在哪里了。

二 根据课文内容选择答案

1. 木匠在干活儿的时候:
   a. 孩子丢了　　　　　b. 手表掉了
   c. 工人们都休息了　　d. 孩子睡觉了

2. 木匠的表掉了以后:
   a. 没有人帮助他　　　b. 孩子马上来帮助他
   c. 大家都不知道　　　d. 大家都来帮助他

3. 表找到的时候:
   a. 孩子正在吃饭　　　b. 大家正在吃饭
   c. 大家正在睡觉　　　d. 大家正在干活儿

4. 孩子找到了表,父亲:
   a. 很惊奇　　　　　　b. 不在乎
   c. 不高兴　　　　　　d. 什么也没有说

三 根据课文内容回答问题

1. 木匠的表怎么会掉在木屑里？
2. 伙伴们是怎么帮助他的？
3. 孩子是怎么找到手表的？

 重点词语

1. 木匠	（名）	mùjiang	carpenter
2. 碰	（动）	pèng	to bump
3. 掉	（动）	diào	to come off; to drop
4. 木屑	（名）	mùxiè	wood scraps
5. 抱怨	（动）	bàoyuàn	to complain; to grumble
6. 倒霉	（形）	dǎoméi	to have bad luck; be out of luck
7. 拨动		bōdòng	poke to move with hand, stick, etc
8. 伙伴	（名）	huǒbàn	partner; companion
9. 围	（动）	wéi	to surround
10. 寻找	（动）	xúnzhǎo	to look for; search
11. 仍然	（副）	réngrán	still; yet
12. 一无所获		yīwúsuǒhuò	not have any results
13. 悄悄	（副）	qiāoqiāo	quietly; on the quiet
14. 工夫	（名）	gōngfu	time
15. 居然	（副）	jūrán	unexpectedly; to one's surprise
16. 惊奇	（形）	jīngqí	to be surprised; to be amazed
17. 嘀嗒	（拟声）	dīdā	tick; ticktack

 词汇练习

一 根据第一个词语猜测其他词语的意思

1. 木屑——纸屑——铁屑
2. 木匠——工匠——铁匠——石匠——教书匠

二 选词填空

掉　倒霉　拨动　伙伴　围　抱怨　寻找　仍然
一无所获　悄悄　工夫　居然　惊奇　碰　心爱

1. 别(　　　)那个杯子,里边有开水!
2. 喂,先生!你的钱包(　　　)了!
3. 不要总是(　　　)别人,也想想自己有没有做错的地方好不好?
4. 真(　　　),我的手表丢了!
5. 他(　　　)对我说:"你看,那个人有点儿奇怪。"
6. 他(　　　)着地上的小草,好像在找什么。
7. 他是我小时候最好的(　　　)。
8. 十年过去了,她(　　　)那么年轻。
9. 考试很容易,只半个小时的(　　　),我就全部做完了。
10. 已经是4月份了,(　　　)下起雪来了!
11. 那边出了什么事?怎么(　　　)了那么多人?
12. 这是我最(　　　)的生日礼物,弄坏了怎么会不伤心?
13. 我钓了一整天鱼,却(　　　),只好买了两条回家。
14. 邻居家的小狗丢了,大家一起帮她(　　　),终于找到了。
15. 我换了一个新潮的发型,同学们都用(　　　)的眼光看着我。

三 选择合适的词语完成句子

1. 戴眼镜真麻烦,特别是打篮球时,如果被碰(掉 / 拍)了更可怕。
2. 真(倒霉 / 幸运),我有这么多好朋友。
3. (拨 / 拔)牙以后的三个小时内不要吃东西。
4. 大家都(围 / 困)在那里看什么呢?
5. 他总是(抱怨 / 高兴)这里的气候不好。
6. 警犬正在帮助主人(寻找 / 找到)毒品。
7. 他是中国人,(居然 / 仍然)不会说汉语!
8. 他(大声 / 悄悄)对我说:"小点儿声,别让别人听见。"
9. (心爱 / 爱心)的小猫丢了,小王的眼睛都哭红了。
10. 她走路时不小心(砍 / 碰)了我一下,马上说了声"对不起"。

合作学习

一 小组讨论：手表掉了以后

木匠	伙伴	孩子
动词		
评价		

二 填写表格

阅读二中出现的形旁	形旁名称	本课例字	你知道的汉字
土	提土旁	地	
心	心字底	怨 想	
尸	尸字头	屑 屋 居	
雨	雨字头	霉	
灬	四点	然	
纟	绞丝旁	给	

文章的基本格式

```
         题目【居中】
  □□正文【每段开头空两格】_____
  _____
  _____

  □□【每段开头空两格】_____
  _____
```

一　全文抄写阅读一，注意格式

二　全文听写阅读二，注意格式

翻阅《小故事，大道理》，看看里边的故事

从这一课你学到了什么

1. _____

2. _____

第三课 标点的妙用

学习目的

1. 内容提示：智慧人物故事
2. 阅读技巧：词的划分
3. 写作要求：正确使用标点符号

热身问题

1. 你喜欢下棋吗？
2. 你听说过阿凡提吗？

阅读 一

你赢他输

提示：注意文中的黑体字
字数：403字
时间：4分钟

阿凡提喜欢与地主作对，地主们都很生气，可是又拿他没办法。有一位自作聪明的地主为了报复，想出了一个主意。

第三课 标点的妙用

一天,地主和老婆下棋,把阿凡提也叫来了。地主说:"阿凡提,大家都说你聪明,那你就来猜猜我们这盘棋的输赢吧。猜对了,我就给你十两银子;猜错了,我就打你二十皮鞭。"

阿凡提想了想,答应了,然后在一张纸上写了四个大字:**你赢她输**。

地主看在眼里,故意把棋输给了老婆。他得意地对阿凡提说:"你输了,该打二十皮鞭了!"

"慢!老爷,我猜对了!"阿凡提打开纸条念道:"**你赢她?输!**"

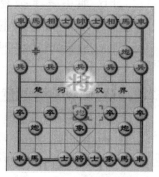

地主无话可说,但他很狡猾,说:"不行,再猜一盘!"阿凡提答应了。这一盘,地主赢了他老婆。阿凡提打开纸条一念:"你赢,她输!"

地主又没达到目的:"不,再猜一盘!这次你要是猜对了,我一定把银子送给你;可要是猜错了,就别怪我不客气了!"阿凡提说:"可以,不过这回你可不能再食言了!"

这一次,地主与老婆故意下了和棋。阿凡提又打开纸念道:"**你赢她输?**"

(据雅琴编著《小故事大智慧》)

个人理解

1. 你觉得文章可以分成哪几个部分?
2. 如果给文章一个新题目,你觉得可以是什么?

阅读理解

一 根据课文判断正误

☐ 1. 阿凡提喜欢自作聪明。
☐ 2. 地主不喜欢阿凡提。
☐ 3. 地主想和阿凡提下棋,如果阿凡提输了,就可以打他二十皮鞭。
☐ 4. 阿凡提在纸上写了一句话。
☐ 5. 地主输了三次。
☐ 6. 地主终于报复了阿凡提。
☐ 7. 阿凡提与地主下了一盘和棋。
☐ 8. 最后阿凡提把地主打了一顿。

二 解释画线部分的意思

1. 阿凡提喜欢<u>与地主作对</u>。
2. 地主们都<u>拿他没办法</u>。
3. 有一位<u>自作聪明</u>的地主为了报复,想出了一个<u>主意</u>。
4. 阿凡提<u>当场</u>在一张纸上写道:"你赢她输。"
5. 地主<u>故意</u>把棋输给了老婆。
6. 地主<u>无话可说</u>。
7. 要是猜错了,就别怪我<u>不客气</u>了!
8. 可以,不过这回你可不能<u>食言</u>了。
9. 这一<u>盘</u>,地主与老婆故意下了和<u>棋</u>。

三 根据例子把课文中各句的词语划分出来

阿凡提 / 喜欢 / 与 / 地主 / 作对, 地主们 / 都 / 很 / 生气, 可是 / 又 / 拿 / 他 / 没办法。有 / 一位 / 自作聪明 / 的 / 地主 / 为了 / 报复, 想 / 出 / 了 / 一个 / 主意。/

第三课　标点的妙用

 重点词语

1. 地主　　　　（名）　dìzhǔ　　　　　landlord
2. 作对　　　　（动）　zuòduì　　　　　to set oneself against
3. 自作聪明　　　　　　zìzuòcōngming　to think oneself clever (in making suggestions, etc.)
4. 报复　　　　（动）　bàofù　　　　　to make reprisals; retaliate
5. 猜　　　　　（动）　cāi　　　　　　to guess
6. 盘　　　　　（量）　pán　　　　　　measure word
7. 棋　　　　　（名）　qí　　　　　　　chess
8. 输赢　　　　（形）　shūyíng　　　　win or lose
9. 银子　　　　（名）　yínzi　　　　　sliver
10. 皮鞭　　　　（名）　píbiān　　　　leather-thonged whip
11. 故意　　　　（副）　gùyì　　　　　intentionally
12. 得意　　　　（形）　déyì　　　　　proud of oneself; complacent
13. 无话可说　　　　　　wúhuàkěshuō　not know what to say
14. 狡猾　　　　（形）　jiǎohuá　　　　crafty; tricky
15. 目的　　　　（名）　mùdì　　　　　purpose
16. 怪　　　　　（动）　guài　　　　　to blame
17. 食言　　　　（动）　shíyán　　　　to break one's promise
18. 和棋　　　　（名）　héqí　　　　　draw in chess or other board games

 词汇练习

一　找出文章中的褒义词和贬义词
　　1. 褒义词：
　　2. 贬义词：

二　选择合适的词语完成句子
　　1. 男孩子在八九岁的时候，特别喜欢和父母（作事／作对）。
　　2. 他（自作聪明／无话可说），以为别人听不出来他的假话。

3. 咱们下一(个／盘)棋吧！
4. 你(想／猜)我手里有什么？
5. 看到大家不相信气功能治病,他(当场／当面)给大家表演起来。
6. 你为什么(故意／特意)打他？
7. 他(得意／愿意)地对我说:"怎么样,你又输了吧？"
8. 听了姐姐的回答,我(无话可说／有说不完的话),只好一个人走了。
9. (狡猾／聪明)的小偷终于被抓住了。
10. 我来北大学习的(原因／目的)是为了将来找一个好工作。
11. 自己已经答应的事,怎么能(发言／食言)呢？
12. 我和他水平差不多,下了半天只能(输赢／和棋)了。

 合作学习

一　表演这个故事

人物：阿凡提、地主、地主的老婆。

道具：一张写好"你赢她输"四个大字的白纸。

二　介绍一个你们国家的智慧人物,并讲一个与他／她有关的故事

第三课 标点的妙用

热身问题

1. 你知道哪些中国著名书法家？
2. 说到下雨天,你有哪些联想？

阅读 二

下雨天

提示：注意黑体字部分
字数：230 字
时间：3 分钟

徐文长是明朝有名的书画家。一天,他去访友做客,由于天气阴雨,朋友想留他多住几日。但是朋友的妻子不高兴了,她趁徐文长出门散步的工夫,在他的床头写下这样一句话：**下雨天留客天留我不留。**

徐文长一回来,就看见了床头的字,他立刻明白了主人的意思。但是如果立刻离开,难免有些丢面子……

于是,他故意大声念道："下雨天,留客天,留我不？留！"然后说："既然朋友如此盛情,我就再住几日吧！"

朋友的妻子听了,哭笑不得。正当她不知如何是好的时候,徐文长已经走过来,向他们微笑着告辞了。

个人理解

1. 你对文章中的哪个部分印象最深？
2. 你觉得徐文长是个什么样的人？

阅读理解

一 根据课文选择

1. 下边哪句话没有在文中提到？
   a. 徐文长是明朝有名的书画家
   b. 徐文长喜欢访友做客
   c. 因为下雨，朋友希望徐文长多住几天
   d. 朋友的妻子在徐文长的床头写了一句话

2. 朋友的妻子希望：
   a. 徐文长再多留几日
   b. 徐文长看床头的字后生气
   c. 徐文长看到床头的字后主动离开她家
   d. 徐文长和自己的丈夫一起说笑

3. 徐文长看了字条以后的反应是：
   a. 大笑   b. 大哭   c. 微笑   d. 生气

二 回答问题

1. 朋友的妻子写的"下雨天留客天留我不留"的意思是什么？请你写出标点符号。
2. 朋友的妻子听了徐文长的话后，为什么哭笑不得？

三 解释画线部分的意思

1. 她趁徐文长出门散步的<u>工夫</u>，在徐文长的床头写下一句话。
2. 如果立刻离开，<u>难免</u>有些<u>丢面子</u>。
3. 既然朋友如此<u>盛情</u>，我就再住几日吧！

4. 朋友的妻子听了,哭笑不得。
5. 正当她不知如何是好的时候,徐文长已经走过来,向他们微笑着告辞了。

四 仿照例子,把课文各句的词语划分出来

徐文长 / 是 / 明朝 / 有名 / 的 / 书画家 / 。一天 / ,他 / 去 / 访友 / 做客 / ,由于 / 天气 / 阴雨 / ,朋友 / 就 / 想 / 留 / 他 / 多 / 住 / 几 / 日 / 。

 重点词语

1. 访友		fǎng yǒu	to visit a friend
2. 阴雨	(动)	yīnyǔ	overcast and rainy
3. 趁	(介)	chèn	take advantage of; while
4. 难免	(形)	nánmiǎn	hard to avoid
5. 丢面子		diū miànzi	to lose face
6. 如此	(代)	rúcǐ	so; such
7. 盛情	(名)	shèngqíng	great kindness; boundless hospitality
8. 哭笑不得		kūxiàobùdé	not know whether to laugh or to cry; find sth. both funny and annoying
9. 如何	(代)	rúhé	how
10. 微笑	(动)	wēixiào	to smile
11. 告辞	(动)	gàocí	to take leave (of one's host)

 词汇练习

一 选择合适的词语完成句子

1. 最近天气一直(阴雨 / 晴朗),我的心情也越来越不好。
2. 天气不好,所以很多人被(住 / 留)在了机场。
3. 我(让 / 趁)老师不注意的时候,偷偷吃了一块巧克力。
4. 他最近太忙了,没有(工作 / 工夫)休息。

5. 说汉语(不免／难免)会出错,不要怕。
6. 你别生气,我不是(敌意／故意)的。
7. 既然(如此／像这样),那我就答应你的要求。
8. 看到孩子把墙画得不成样子,妈妈(笑哭不得／哭笑不得)。
9. 他突然向她求婚,她一下子不知道(如何／如果)回答。

二 用下面的词语造句

1. 丢面子:
2. 告辞:
3. 趁:
4. 故意:
5. 难免:
6. 正当……的时候:

小组活动
搜集因为标点符号不同而意思不同的句子,看哪组搜集的多。

第三课 标点的妙用

常用标点符号表

标点符号	名称	例句
，	逗号	我爱他，他也爱我。
。	句号	我是韩国人，他是中国人。
：	冒号	我对他们说："大家好！"
？	问号	你从哪里来？
" "	引号	老师说："你来回答怎么样？"
《 》	书名号	我爱看《红楼梦》。
！	感叹号	你要来北京？太好了！
、	顿号	我去过故宫、天坛和颐和园。
；	分号	去吧，没有钱；不去吧，太可惜。
……	省略号	看着女儿的信，母亲想了很多……
——	破折号	这时，从外边走进来一个人——王丽。
（ ）	括号	李白(701—762)，唐代著名诗人。

一 片段练习

1. 给句子加标点，注意加上不同标点后的不同意义

   (1) 是 我
   (2) 他 赢 了
   (3) 我 知 道 他 不 知 道
   (4) 男 人 离 开 了 女 人 可 怎 么 活 啊
   (5) 奶 奶 亲 了 我 姐 姐 也 亲 了 我
   (6) 无 鸡 鸭 亦 可 无 鱼 肉 亦 可 青 菜 一 碟 足 矣 （选做）

2. 给段落加标点

   19世纪德国的冯达诺(人名)在当编辑时曾收到一个青年作家寄来的几首

诗还有一封信信上写着我对标点向
来是不在乎的请那个青年用时不由我
达不快就给诗来是写自退己的稿填下来
信说我对标点向来不在乎自己填吧并附
您只寄些点诗由我退了来冯次请好
了

二 整体练习

1. 根据课文内容仿写三百字作文：《下棋》或者《留言》，注意标点符号的使用
   结构：
   第一部分：介绍人物和事情的起因。
   第二部分：第一种标点方法。
   第三部分：第二种标点方法。

2. 三百字作文：《标点符号的作用》(选做)
   第一部分：指出标点符号的重要性。
   第二部分：举例说明(可选课文中的一个或者两个)。
   第三部分：结论,标点符号的重要性。

 相关链接 ▶▶▶▶

找一本阿凡提的故事阅读

从这一课你学到了什么

1. _____

2. _____

第四课 三个人

学习目的

1. 内容提示：心态与人生
2. 阅读技巧：了解构词的基本方法
3. 写作要求：记叙文（一）——简单的三段式叙述

热身问题

1. 你对现在的生活满意吗？
2. 你是乐观的人还是悲观(bēiguān)的人？

阅读 一

三个建筑工人

提示：注意故事中的三个人有什么不同
字数：236 字
时间：3 分钟

有三个建筑工人在干活儿，有人路过时问："你们在干什么？"
第一个工人说："我在砌墙。"

第二个工人说:"我在挣钱。"

第三个工人说:"我在参与建筑一座这个城市最美的大厦!"

第一个工人在工作中最大的感觉就是累,缺乏激情。几年过去了,他依然在砌墙。

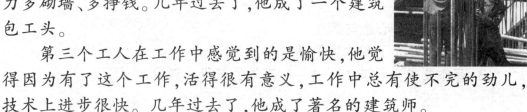

第二个工人把砌墙当成换取报酬的工具,努力多砌墙、多挣钱。几年过去了,他成了一个建筑包工头。

第三个工人在工作中感觉到的是愉快,他觉得因为有了这个工作,活得很有意义,工作中总有使不完的劲儿,技术上进步很快。几年过去了,他成了著名的建筑师。

(据《印度之子》网站)

个人理解

1. 读这篇文章时,你想到了什么?
2. 文章中的哪些词句给你印象最深?
3. 你觉得作者写这个故事的目的是什么?

阅读理解

一 文章可以分成几个部分

二 根据课文内容回答问题

1. 故事中一共有几个人?

2. 这几个工人在干什么？
3. 他们的回答有什么不同？
4. 为什么他们的回答不同？
5. 这几个工人的结果有什么不同？

三 根据课文内容判断正误

□ 1. 三个建筑工人没有回答过路人的问题。
□ 2. 三个工人干的工作完全不一样。
□ 3. 第一个人工作的时候觉得很累。
□ 4. 第二个人工作的目的是挣钱。
□ 5. 第三个人觉得砌墙不如当建筑师好。
□ 6. 第三个人比前两个人更快乐。

重点词语

1. 路过	（动）	lùguò	to pass by or through (a place)
2. 砌	（动）	qì	to build by laying bricks or stones
3. 挣钱	（动）	zhèngqián	to earn money
4. 参与	（动）	cānyù	to participate in
5. 大厦	（名）	dàshà	large building; mansion
6. 缺乏	（动）	quēfá	be short of; lack
7. 激情	（名）	jīqíng	intense emotion; enthusiasm
8. 依然	（副）	yīrán	still; as before
9. 报酬	（名）	bàochou	reward; pay
10. 包工头	（名）	bāogōngtóu	labour contractor
11. 愉快	（形）	yúkuài	happy; joyful
12. 意义	（名）	yìyì	meaning; sense; significance
13. 使劲儿	（动）	shǐjìnr	put in effort
14. 技术	（名）	jìshù	technology; skill

词汇练习

一 找出意思相近的词语

1. 路过　　经过　　通过
2. 报酬　　报纸　　工资
3. 愉快　　快乐　　偷偷
4. 使用　　使劲　　用力
5. 缺少　　缺乏　　缺点
6. 夏天　　大厦　　高楼
7. 激情　　激动　　热情

二 选词填空

　　路过　挣钱　参与　缺乏　依然　愉快　意义　技术

1. 我没有（　　　）这件事,请你去问别人吧。
2. 出租汽车司机每天工作十个小时,为的是多（　　　）。
3. 服务员如果（　　　）热情,回答顾客问题时就会不耐心。
4. 我（　　　）邮局的时候,顺便买了几张邮票。
5. 医生给病人做手术需要很高的（　　　）。
6. 我们十年没有见面,她却（　　　）那么年轻漂亮。
7. 祝你周末（　　　）!
8. 他觉得活着没有什么（　　　）,所以自杀了。

三 根据课文给画线词语选择合适的解释

1. 有三个建筑工人在干活儿,有人<u>路过</u>时问:"你们在干什么?"
   a. 经过　　　b. 过去　　　c. 走路　　　d. 过来

2. 第一个工人在工作中最大的感觉就是累,工作中<u>缺乏</u>激情。
   a. 有很多　　b. 没有力气　c. 缺点　　　d. 缺少

3. 几年过去了,他<u>依然</u>在砌墙。
   a. 突然　　　b. 虽然　　　c. 仍然　　　d. 必然

第四课 三个人

4. 把砌墙当成换取报酬的工具。
   a. 成功　　　b. 当时　　　c. 变成　　　d. 作为

5. 工作中总有使不完的劲儿，技术上进步很快。
   a. 很多可以使用的东西　　　b. 用不完的力气
   c. 力气不够　　　　　　　　d. 有意思

合作学习

一　小组讨论并列表：三个建筑工人的不同情况

	第一个人	第二个人	第三个人
感觉			
结果			
你的评价			

二　学习词语的构成方式，从本课或者学过的课文中找出相应的词语

	例词	你的词语
主谓式	头疼	
联合式	买卖　大小　缺乏	
偏正式	鸡蛋　牛奶　大厦	
动宾式	吃饭　挣钱	
动补式	提高	
重叠式	妈妈　天天	
附加式	第一　老大　木头	

热身问题

1. 说到蜘蛛,你有什么联想?
2. 你注意过蜘蛛的生活吗?

阅读 二

一只蜘蛛与三个人

提示:注意故事的叙述方法
字数:234 字
时间:3 分钟

雨后,一只蜘蛛艰难地向墙上的一张破网爬去。由于墙壁潮湿,它爬到一定的高度就会掉下来,它一次次地向上爬,一次次地又掉下来……

第一个人看到了,叹了一口气,自言自语:"我的一生不正如这只蜘蛛吗?忙忙碌碌,却一无所得。"于是,他越来越灰心了。

第二个人看到了,说:"这只蜘蛛真愚蠢,为什么不从旁边干燥的地方绕一下爬上去?我以后做事可不能像它那样愚蠢。"于是,他变得聪明起来。

第三个人看到了,他立刻被蜘蛛的精神感动了,心想:连小小的蜘蛛都能这样,真了不起啊!于是,他变得坚强起来。

(据网络故事集《50个小故事》)

第四课　三个人

个人理解

1. 读这篇文章时,你的心情怎样?
2. 你觉得这个故事在写法上有什么特点?

阅读理解

一　回答问题

1. 三个人看到的是什么情景?
2. 第一个人怎么想?
3. 第二个人怎么想?
4. 第三个人怎么想?
5. 后来三个人有什么改变?

二　根据课文判断正误

☐ 1. 下雨时,蜘蛛向自己的网爬过去。
☐ 2. 蜘蛛的网已经破了。
☐ 3. 蜘蛛总是掉下来,因为网太高了。
☐ 4. 有一个人觉得蜘蛛很笨。
☐ 5. 大家看到蜘蛛掉下来都很灰心。

三　仿照例句对课文中的词语进行切分

雨／后,／一／只／蜘蛛／艰难／地／向／墙上／的／一／张／破／网／爬／去。

 **重点词汇**

1. 蜘蛛	（名）	zhīzhū	spider
2. 艰难	（形）	jiānnán	difficult; hard
3. 网	（名）	wǎng	web
4. 墙壁	（名）	qiángbì	wall
5. 潮湿	（形）	cháoshī	moist; damp
6. 高度	（名）	gāodù	height
7. 叹气	（动）	tànqì	sigh; heave a sigh
8. 自言自语		zìyán-zìyǔ	to talk to oneself
9. 忙忙碌碌		mángmánglùlù	be busy
10. 一无所得		yīwúsuǒdé	not have any good results
11. 灰心	（动）	huīxīn	lose heart; be discouraged
12. 愚蠢	（形）	yúchǔn	stupid; foolish; silly
13. 干燥	（形）	gānzào	dry
14. 绕	（动）	rào	bypass; go around
15. 精神	（名）	jīngshén	vitality; spirit
16. 感动	（动）	gǎndòng	move; touch
17. 坚强	（形）	jiānqiáng	strong; firm

 **词汇练习**

一　选词填空

潮湿　艰难　高度　掉　自言自语　坚强
灰心　愚蠢　干燥　绕　忙忙碌碌　感动

1. 雪很深，大家（　　　）地向前走。
2. 那只蜘蛛不小心从网上（　　　）了下来。
3. 考了三次都没有及格，我有点儿（　　　）了。
4. 北京的气候很（　　　），我不太习惯。
5. 地上太（　　　）了，不能坐在这儿。
6. 不要总觉得别人（　　　），三人行，必有我师。
7. 她喜欢（　　　），你别奇怪。

8. 前边在修路,你们从右边(　　　)一下吧。

9. 现代人整天(　　　)的,好像没有时间休息。

10. 电影《泰坦尼克号》(　　　)了很多人。

11. 遇到失败的时候,妈妈希望我(　　　)一些。

12. 练习跳高的时候,我跳到一定的(　　　)就再也跳不过去了。

二 找出特殊词语

1. 艰难　困难　轻松
2. 潮湿　朝鲜　干燥
3. 忙碌　愉快　紧张
4. 灰心　放心　伤心
5. 愚蠢　聪明　快慢

三 根据意思写出词语

1. 自己对自己说。(　　　)
2. 非常忙的样子。(　　　)
3. 完全没有收获。(　　　)
4. 没有了信心。(　　　)
5. 很不容易、很困难的样子。(　　　)
6. 缺水,不湿润。(　　　)

合作学习

一 继续学习词的基本构成方式,填入相应的词语

	例词		你的词语
主谓式	头疼		
联合式	买卖	大小	
偏正式	鸡蛋	牛奶	
动宾式	吃饭		
动补式	提高		

重叠式	妈妈　天天
附加式	第一　老大　木头

二　小组讨论

对于同样一件事，为什么人们的感觉不同？乐观的人与悲观的人有什么不同？

同样是半杯水，一个乐观的人很可能说它是"半满"的，而一个悲观的人却可能说成是"半空"的。——诺曼·洛布森兹
【漫画名言】春风文艺出版社陈墨作

	乐观(lèguān)	悲观(bēiguān)
1.		
2.		
3.		

一　片段练习

1. 比较阅读一和阅读二的相同与不同

	阅读一	阅读二
时间地点		
主人公		
事件		
感觉或态度		
结果		

2. 模仿阅读二写出三个人的不同话语

　　(1) 第一个人：_____

　　(2) 第二个人：_____

　　(3) 第三个人：_____

二　整体练习：模仿写作(注意三段式写法)

三百字作文：《三个人》

结构：

第一部分：一件事。

第二部分：三个人不同的态度或想法。

第三部分：三种不同的结果。

第四部分(选做)：简单议论。

 相关链接 ▶▶▶▶

在网上查找《50个小故事》，找出一个你感兴趣的故事

从这一课你学到了什么

1. _____
2. _____

第五课　教　训

学习目的

1. 内容提示：人生中的教训
2. 阅读技巧：词组与短语类型
3. 写作要求：文章的修改符号

热身话题

1. 遇到一个新情况，你能很快做决定吗？
2. 你喜欢什么式样的皮鞋？

阅读 一

鞋

提示：找出最能代表文章意思的一段话
字数：359字
时间：4分钟

　　一个少年走进一家鞋店，想定做一双鞋。鞋匠问："你是想要方头鞋还是圆头鞋？"少年不知道哪种鞋适合自己，一时回答不上来。

于是，鞋匠叫他回去考虑清楚后再来告诉他。

过了几天，这位鞋匠在街上碰见那个少年，又问起鞋子的事情，少年仍然举棋不定。最后鞋匠对他说："好吧，我知道该怎么做了。两天后你来取新鞋。"

去店里取鞋的时候，少年发现鞋匠给自己做的鞋子一只是方头的，另一只是圆头的。"怎么会这样？"他感到很纳闷。

"等了你几天，你都拿不定主意，当然就由我这个做鞋的来决定啦。这是给你一个教训，不要让人家来替你做决定。"鞋匠回答。

许多年后，这个少年成了一位有名的总统。他后来回忆起这段往事时说："从那以后，我认识到一点：自己的事自己拿主意。如果自己遇事犹豫不决，就等于把决定权随便让给了别人。一旦别人做出糟糕的决定，到时候后悔的是自己。"

（据 2005 年 10 月 24 日《环球时报》，汪析编译）

个人理解

1. 你对文章中的哪些句子印象深刻？
2. 你怎么评价鞋匠的做法？

阅读理解

一、根据课文内容选择答案

1. 少年去鞋店是为了：
   a. 买鞋　　b. 做鞋　　c. 看看　　d. 和鞋匠聊天

2. 少年不能决定是因为：
   a. 他的父母不在　　　　　　b. 他没有带钱
   c. 鞋的样子他不满意　　　　d. 他不知道哪种鞋对自己合适

3. 鞋匠再次碰见少年的时候，少年：
   a. 不好意思跟他说话　　　　b. 还没决定做什么样的鞋
   c. 正好要去鞋店　　　　　　d. 已经有了新鞋

4. 鞋匠给少年做了一双：
   a. 很合适的鞋　　　　　　　b. 很贵的鞋
   c. 很奇怪的鞋　　　　　　　d. 很漂亮的鞋

二　回答问题

1. 鞋匠给少年做了一双什么鞋？
2. 鞋匠为什么要这样做？
3. 这个经历对少年有什么影响？

三　从课文中找出和"犹豫不决"意思相同的词或短语

重点词语

1. 定做	（动）	dìngzuò	to have sth. made to order (or measure)
2. 鞋匠	（名）	xiéjiang	shoemaker
3. 适合	（动）	shìhé	to suit; fit
4. 一时	（名）	yìshí	for a short time; temporary; momentary
5. 考虑	（动）	kǎolǜ	to think over
6. 碰见	（动）	pèngjiàn	to run into; meet unexpectedly
7. 举棋不定		jǔqíbúdìng	be unable to make up one's mind
8. 纳闷儿	（动）	nàmènr	to feel puzzled; wonder
9. 教训	（名）	jiàoxun	lesson; moral
10. 总统	（名）	zǒngtǒng	president (of a republic)
11. 回忆	（动）	huíyì	to call to mind; recall

12. 往事	（名）	wǎngshì	past events; the past
13. 犹豫不决		yóuyùbùjué	to hesitate
14. 决定权	（名）	juédìngquán	power to make decisions
15. 一旦	（副）	yídàn	once
16. 糟糕	（形）	zāogāo	terrible
17. 后悔	（动）	hòuhuǐ	to regret; repent

词汇练习

一 根据课文给画线词语选择正确解释

1. 少年不知道哪种鞋适合自己，<u>一时</u>回答不上来。
    a. 短时间内   b. 一个小时
    c. 一段时间   d. 一次

2. 鞋匠又问起鞋子的事情，少年仍然<u>举棋不定</u>。
    a. 不能站起来   b. 不能下棋
    c. 拿起来不能放下   d. 犹豫不决

3. "怎么会这样？"他感到很<u>纳闷</u>。
    a. 意外   b. 内心不舒服
    c. 不明白   d. 闷得慌

4. 等了你几天，你都<u>拿不定主意</u>，当然就由我这个做鞋的来决定啦。
    a. 决定   b. 不能决定
    c. 没有办法   d. 有办法

5. 从那以后，我认识到一点：自己的事自己<u>拿主意</u>。
    a. 决定   b. 想办法
    c. 拿出办法   d. 找办法

6. 如果自己遇事犹豫不决,就等于把决定权随便让给了别人。
   a. 让别人随便决定　　b. 让自己随便决定别人的事
   c. 没有决定权　　　　d. 有决定权

二　词语搭配

1. 回忆　　　a. 别人
2. 碰见　　　b. 主意
3. 做出　　　c. 问题
4. 拿　　　　d. 往事
5. 考虑　　　e. 决定

三　选词填空

适合　考虑　碰见　仍然　纳闷　教训
回忆　往事　一旦　糟糕　后悔

1. 这个问题我需要(　　　)一下再回答你。
2. 我在飞机上(　　　)了我的小学同学。
3. 对他说了不该说的话,我很(　　　)。
4. 过了这么多年,他(　　　)没有忘记这件事。
5. 人老了以后,特别喜欢(　　　)过去的事情。
6. 每个人都有(　　　)自己的发型。
7. 谈起(　　　),他说几个小时也停不下来。
8. (　　　),我的钥匙又找不着了。
9. 我准时来到教室,可是教室里一个人也没有,我(　　　)极了。
10. 你(　　　)见到他,就把这封信交给他。
11. 这次(　　　)我一定不会忘记。

四　选词完成句子

1. 我(发现/发生)女同学比男同学更爱吃方便面。
2. 每次想问老师问题的时候,他总是(犹豫不决/一心一意)
3. 这件事给了他一个(教训/经验),那就是不能随便把银行密码告诉别人。
4. 我的脚太大了,总是买不到合适的鞋,我准备(定做/制作)一双。
5. 这个颜色很(合适/适合)你。
6. 想起伤心的(往事/故事),他哭了起来。
7. (一旦/一定)你做错了,就应该说对不起。

8. 我(一旦/一时)想不起在哪里见过他。

合作学习

一 小组讨论并列表

1. 少年和鞋匠几次见面的情况

	少年	鞋匠
第一次		
第二次		
第三次		

2. 你怎么看待鞋匠的做法

	认为很好	认为不太好
理由		

二 总结词组与短语类型,从学过的课文中找出你的例子

词组或短语类型	示例	你找出的词组或短语
主谓式	天气阴雨 自作聪明	
联合式	阴雨 你输她赢	
动宾式	爱面子 达到目的	
动补式	走过来 猜对	
偏正式	得意地说 微笑着告辞	

热身问题

1. 你养过什么小动物?
2. 你有没有因为犹豫而失去机会的经历?

阅读 二

麻 雀

 提示：注意文章的叙述方式

字数：311 字

 时间：4 分钟

　　王安博士是著名的华裔电脑专家。他曾经说过,影响他一生的最大的教训,是在他六岁之时得到的。

　　有一天,王安正在外面玩儿,忽然发现地上有一个被风吹落的鸟巢。让他惊讶的是,里边竟然滚出来一只可爱的小麻雀。王安喜欢极了,决定把它带回家喂养。

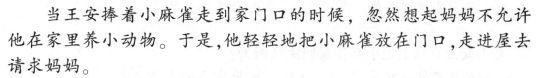

　　当王安捧着小麻雀走到家门口的时候,忽然想起妈妈不允许他在家里养小动物。于是,他轻轻地把小麻雀放在门口,走进屋去请求妈妈。

　　在他的苦苦哀求下,妈妈终于答应了。王安兴奋地跑到门口,没想到小麻雀已经不见了,只看见一只黑猫正在意犹未尽地舔着嘴巴。

　　王安为此伤心了很久。从此,他记住了一个教训:只要是自己认为正确的事情,一定不能犹豫。不能做决定的人,虽然可以免去做错事的可能,但是同样也会失去很多成功的机遇。

(据网络文章《别让猫把麻雀吃掉》)

个人理解

1. 读这篇文章时,你有哪些联想?
2. 文章中的哪些句子给你深刻印象?

阅读理解

一 根据课文选择正确答案

1. 文章的主要内容是:
   a. 黑猫与麻雀的故事　　　　b. 王安讲故事
   c. 一个教训　　　　　　　　d. 王安的成功经历

2. 这篇文章可以分为:
   a. 两部分　　b. 三部分　　c. 四部分　　d. 五部分

3. 王安得到鸟巢的方式是:
   a. 别人送给他　　　　　　　b. 风吹落地
   c. 他爬上树找到的　　　　　d. 母亲给他的

4. 王安没有马上把小麻雀拿回家是因为:
   a. 黑猫把麻雀吃了　　　　　b. 麻雀飞走了
   c. 别人拿走了　　　　　　　d. 妈妈不让他养小动物

5. 妈妈同意王安养麻雀是因为:
   a. 妈妈也喜欢动物　　　　　b. 王安苦苦哀求

　　　　c. 小麻雀太可爱了　　　　　　d. 妈妈怕黑猫吃掉麻雀

　　6. 王安得到的教训是：
　　　　a. 要小心黑猫　　　　　　　　b. 要爱护小动物
　　　　c. 不要事事听母亲的话　　　　d. 认为正确的事，不要犹豫

二　根据课文回答问题
　　1. 王安是什么人？
　　2. 这个故事发生在什么时候？
　　3. 王安玩儿的时候发现了什么？
　　4. 他为什么没有马上把麻雀拿回家？
　　5. 他为什么伤心？
　　6. 通过这件事他得到了什么教训？

三　找出文中代表心情的词语

四　找出文章中的动词，注意它们的用法

重点词语

1. 华裔	（名）	huáyì	foreign citizen of Chinese origin
2. 曾经	（副）	céngjīng	once
3. 影响	（动）	yǐngxiǎng	influence; effect
4. 落	（动）	luò	to fall; drop
5. 鸟巢	（名）	niǎocháo	bird's nest
6. 滚	（动）	gǔn	to roll
7. 麻雀	（名）	máquè	sparrow
8. 喂养	（动）	wèiyǎng	to feed; raise
9. 捧	（动）	pěng	to hold or carry in both hands
10. 允许	（动）	yǔnxǔ	to permit; allow
11. 请求	（动）	qǐngqiú	to ask; request
12. 苦苦	（副）	kǔkǔ	piteously; earnestly

13. 哀求	（动）	āiqiú	to entreat; implore
14. 答应	（动）	dāying	to agree; promise
15. 兴奋	（形）	xīngfèn	be excited
16. 意犹未尽		yìyóuwèijìn	have not enjoy oneself to the full
17. 舔	（动）	tiǎn	to lick; lap
18. 犹豫	（动）	yóuyù	to hesitate
19. 机遇	（名）	jīyù	favourable circumstances; opportunity

词汇练习

一 选词填空

舔　落　答应　捧　滚　犹豫　允许　喂养　哀求　影响　请求

1. 秋天来了，很多树叶被风吹（　　）在地上。
2. 球（　　）到球场外边了，快去把它拿回来！
3. 我（　　）过许多小动物，比如猫呀狗呀，还有小鸭子。
4. 他手里（　　）着很多礼物，开心极了。
5. 小时候的经历常常会（　　）人的一生。
6. 小狗（　　）了一下我的手，又对我摇尾巴，我知道它喜欢我。
7. 请（　　）我向各位介绍一下我身边的这位先生。
8. 请您答应他的（　　）吧。
9. 小偷被抓住后，苦苦（　　）警察放了自己。
10. 非常抱歉，我不能（　　）你的要求。
11. 没有时间了，你还在（　　）什么？

意犹未尽　教训　机遇　曾经　兴奋

1. 这件事给了我一个（　　）。
2. 听说动物园里有两只熊猫，孩子们都很（　　）。
3. 我（　　）在电视上看过这个电影。
4. 我非常喜欢吃海鲜，在青岛我吃了一个月，还是（　　）。
5. 能够抓住（　　）的人是幸运的。

二 找出特殊词语

1. 允许　准许　也许
2. 答应　回答　同意
3. 华裔　华人　中华
4. 机遇　机会　遇到
5. 教训　教育　经验
6. 落　　掉　　滚
7. 请求　哀求　要求
8. 兴奋　高兴　安心

合作学习

小组合作,利用提示词进行口头表达

曾经……// 有一天……// 正在……// 忽然发现……// 让他……的是……// 竟然 …… // 决定 …… // 当 …… 的时候…… // 忽然想起…… // 于是…… // 在……下…… // 终于…… // 不料 …… // 只看见…… // 为此…… // 从此…… // 只要……// 一定 ……

一、片段练习：根据阅读一模仿写作
1. 少年第一次进鞋店后的情况。(参考词语：定做、回答、适合、考虑)
2. 鞋匠在街上碰见少年后的情况。(参考词语：碰见、仍然、举棋不定)
3. 少年去取鞋子时的情况。(参考词语：发现、方、圆、纳闷、教训)

二、看一遍阅读一最后一段,然后把内容补充完整,再试着写出这一部分
（   ）,这个少年成为了一位有名的总统。他后来（   ）时说："从那以后,我（   ）：自己的事自己（   ）。如果自己遇事（   ）,就（   ）把决定权随便让给了别人。一旦（   ）,到时候（   ）。"

三、文章修改练习
1. 把"相关链接"中最右边一栏的句子按照正确的方式抄写下来。

2. 用修改符号修改下面的文字：
(1) 昨天我去见面我的朋友了。他看见我,他很高兴了。我们一起聊天吃饭逛街,晚上一起还看电影了。我很开心了。我说他,下个周末我们一起去爬山怎么样,他马上答应了,说没问题！
(2) 听说学校附近有一个早市,一直我想去看看,今天早上我课没有,所以我去早市了。早市上有很多人们,有卖水果的,有卖蔬菜的,有卖衣服的,可热闹的。我买了真多东西,累死了,可是很高兴了。

3. 认真抄写经过老师修改后的文章(本学期固定作业)。

 相关链接 ▶▶▶▶

修改文章通用符号表

符号名称	符号	符号用法举例
改正号		我很喜观中国电影。（观→欢）
删除号		很多同学们都去爬山了。
增补号		这本是我字典。（增"的"）
保留号		我已经习惯这里的生活了。
对调号		我北京住在。
连接号		他看了我画的画，非常满意。
左右移位号		北京有很多名胜古迹，我先给你介绍故宫。
分段号		……我就同意了。几天以后，他又来我的家。

从这一课你学到了什么

1. _____
2. _____

第六课 见字如面

学习目的

1. 内容提示：家书与亲情
2. 阅读技巧：意群划分（一）
3. 写作要求：了解书信格式

热身问题

1. 你喜欢写信吗？
2. 你喜欢用什么方式与父母交流？

阅读 一

父亲的信

提示：注意对句子进行意群划分
字数：210字
时间：2分钟

儿子进城上大学以后，很长时间不见来信。于是，父亲代儿子写了这样一封信：

第六课　见字如面

亲爱的爸爸妈妈：

我最近很忙□一般□空闲□，我的功课优秀□中等□差□，最近一次考试成绩90分以上□60分以上□不及格□，身体很棒□有一点儿不舒服□很不好□，我准备在暑假□寒假□明年□回家……

信末还有一段话：

孩子，我们知道你没有时间写信回家，现在请你花一点儿时间，在前面的空格里选择你目前的状况，画个'√'寄回给我们。信封我已经写好并贴好了邮票，随信附上。

（据2005年8月28日《今晚报：书信"情景剧"》，作者仇润喜）

个人理解

1. 读这篇文章时，你有哪些联想？
2. 读这篇文章时，你的心情是怎样的？

阅读理解

一　根据课文选择正确答案

本文的主要内容是：

a. 父亲让孩子做的选择题
b. 孩子给父亲的信
c. 父亲给孩子寄邮票
d. 父亲给孩子的信

二　根据课文回答问题

1. 父亲为什么代儿子写信？
2. 信的内容包括哪几个方面？
3. 除了信以外，还有什么？

初级汉语阅读与写作教程 I

三 根据例子对阅读材料进行意群划分

儿子 / 进城 / 上大学 / 以后，很长时间 / 不见来信。/ 于是，/ 父亲 / 代 / 儿子 / 写了 / 这样一封信……

重点词语

1.	进城		jìn chéng	go into town; enter a big city
2.	代	（动）	dài	to take the place of; act on behalf of
3.	一般	（形）	yìbān	not too bad
4.	空闲	（形）	kòngxián	leisure; free (from a matter or an activity)
5.	功课	（名）	gōngkè	schoolwork; homework
6.	优秀	（形）	yōuxiù	outstanding; excellent
7.	中等	（形）	zhōngděng	middling; average
8.	差	（形）	chà	poor; inferior
9.	成绩	（名）	chéngjì	score; result
10.	及格	（动）	jígé	pass a test, examination, etc.
11.	棒	（形）	bàng	good; excellent
12.	舒服	（形）	shūfu	comfortable; be well
13.	暑假	（名）	shǔjià	summer vacation (holidays)
14.	寒假	（名）	hánjià	winter vacation
15.	末	（名）	mò	end
16.	段	（量）	duàn	paragraph
17.	空格	（名）	kònggé	blank space (on a form)
18.	选择	（动）	xuǎnzé	choose; pick
19.	目前	（名）	mùqián	for now; at present
20.	状况	（名）	zhuàngkuàng	condition; state (of affairs)
21.	信封	（名）	xìnfēng	envelope
22.	随	（动）	suí	follow; comply with
23.	附	（动）	fù	attach; enclose

词汇练习

一　词语联想

1. 进城：
2. 暑假：
3. 寒假：
4. 成绩：

二　找出特殊词语

1. 信封　　门票　　邮票
2. 及格　　空格　　优秀
3. 信纸　　功课　　作业
4. 目前　　现在　　过去
5. 中等　　高等　　中间

三　选词填空

　　末　段　代　附　随　差　棒　贴
　　状况　一般　舒服　选择　优秀　空闲　目前

1. 李老师今天病了，由张老师（　　　）他上课。
2. 我的口语太（　　　）了，需要好好练习练习。
3. 我有很多（　　　）时间，咱们可以一起去打网球。
4. 他的身体真（　　　），从来不得病。
5. 这件衣服的样子不错，可是颜色（　　　），别买了。
6. 这么（　　　）的人你去哪儿找？
7. 我有点儿不（　　　），想回去休息一会儿。
8. 期（　　　）考试是什么时候？
9. 在日记本上，我写了这样一（　　　）话。
10. 请在四个答案中（　　　）唯一正确的。
11. （　　　），40%的成年人出现了睡眠问题。
12. 你最近的身体（　　　）怎么样？比以前好一点儿吗？
13. 我给妈妈寄了一封信，还（　　　）信寄了一张我的近照。
14. 不要随便打开陌生人发来的（　　　）件。
15. 离开家以前，他在门上（　　　）了一张条子。

合作学习

小组问卷调查

1. 你多久给父母写一封信/打一次电话/发一次电子邮件?

2. 父母给你写信的内容主要是什么?

3. 你给父母写信的内容一般是什么?

第六课　见字如面

热身问题

"家书"是什么意思？

阅读 二

一封家书

 提示：找出文中能够代表书信格式的部分

字数：197字

时间：2分钟

亲爱的爸爸妈妈
你们好吗
现在工作很忙吧
身体好吗
我现在广州挺好的
爸爸妈妈不要太牵挂
虽然我很少写信
其实我很想家
爸爸每天都上班吗
身体不好就不要去了
干了一辈子工作
也该歇歇了
我买了一件毛衣给妈妈
别舍不得穿上吧
以前儿子不太听话
现在懂事他长大了

哥哥姐姐常回来吧
替我问候他们吧
有什么活儿就让他们干
自己孩子有什么客气的

爸爸妈妈多保重身体
不要让儿子放心不下
今年春节我一定回家
好了先写到这儿吧

　　　此致
　　　敬礼
　　　　　　一九九三年十月十八号

（据李春波作词歌曲《一封家书》）

个人理解

1. 读了上边的文字，你想到了什么？
2. 这段文字写到了几方面的内容？

阅读理解

一　回答问题

1. 这是一封谁写给谁的信？
2. 写信人现在在哪里？
3. 写信人希望父亲怎样？
4. 他给母亲买了什么？

5. 最后他希望父母怎样？

二　根据课文判断正误

☐ 1. 儿子很想家,所以常常给父母写信。
☐ 2. 他的父母要来广州。
☐ 3. 母亲常常舍不得穿新衣服。
☐ 4. 这家至少有五口人。
☐ 5. 因为太忙,儿子春节不能回家了。

重点词汇

1. 牵挂	（动）	qiānguà	worry; think about; be deeply concerned
2. 一辈子	（名）	yíbèizi	all one's life; a lifetime; throughout one's life
3. 歇	（动）	xiē	rest; stop (work, etc.)
4. 舍不得	（动）	shěbudé	hate to use or part with; begrudge
5. 懂事	（形）	dǒngshì	be sensible, sensible, thoughtful; intelligent
6. 问候	（动）	wènhòu	send one's regards to; say hello to
7. 保重	（动）	bǎozhòng	take care of oneself
8. 此致		cǐ zhì	with one's greeting
9. 敬礼	（动）	jìnglǐ	salute; extend one's greetings with high respect

词汇练习

一　选词填空

懂事　歇　问候　舍不得　保重　牵挂　一辈子

1. 虽然孩子长大了,母亲也总是少不了(　　　)。
2. 这件事我(　　　)也忘不了。
3. 走了半天了,咱们(　　　)一会儿吧。
4. 要离开日本了,我真(　　　)离开我的父母和朋友。
5. 这个孩子年龄不大,可是十分(　　　)。

6. 请替我（　　　　）你的父母。
7. 你在国外一定要（　　　　）身体。

二　选择词语完成句子

1. 你已经(歇／喝)那么久了，怎么还不起来？
2. 这个孩子真(懂事／做事)，这么小就知道照顾别人。
3. 我们得好好(保护／保重)眼睛，少用电脑。
4. 要回国了，我实在(了不得／舍不得)我的小狗。
5. 回北京后，请替我(问好／问候)大家。
6. 孩子出远门了，母亲总是(牵挂／挂)着他。

三　找出特殊词语

1. 此致　　敬礼　　称呼
2. 一生　　一声　　一辈子
3. 歇　　　休息　　喝
4. 问候　　问好　　问号
5. 懂事　　麻烦　　聪明
6. 舍不得　忘不了　吃不了

合作学习

小组活动：看短文，谈看法

　　儿子在外省当记者，三年多没回家。一天，儿子接到一封电报："母病危，速回。"

　　回到家中，记者发现受骗了，母亲根本没有病。他气得脸色发青，向父亲发火。父亲只是流泪。

　　在返程的火车上，儿子意外地在手提包内发现了父亲写给他的信，还有一沓钱。

　　吾儿：

　　　　我骗了你，是我不对，但毕竟我们见到了你。如果以后你工作忙，真的不能经常回家，只求你多打电话多写信，见信如面啊！每回我们收到你的信比收到你的汇款单更高兴，那信里的亲切问候总比干巴巴的数字更温暖。别以为寄钱回家就是尽了孝心。你是作家，写家信应该最拿手，如果你嫌家信不能发表,赚不了稿费,那么你寄给我们的这些钱再还给你,就当我们为你买的邮票、发的稿费,我可不想再'让'你妈又病危一场。切切!

老父

(据 2005 年 8 月 28 日《今晚报》,作者:仇润喜)

一 书信基本格式

1. 标准信封格式

```
□□□□□□【收信人邮政编码】           贴邮票处

【收信人地址】


              【收信人姓名】


          【寄信人地址姓名】
          【寄信人邮政编码】□□□□□□
```

2. 书信基本格式

```
【称呼】
□□【问候语】（开头空两格）
□□【正文】（开头空两格）




                    （结束语）

【祝颂语】


                                【签名】
                                【日期】
```

二 根据书信格式进行写作

1. 根据阅读一《父亲的信》写一封回信,注意结构,二百字。
2. 把阅读二《一封家书》按照标准书信体写出来,注意标点和格式。

 **相关链接** ▶▶▶▶

在网上搜索下载并欣赏歌曲《一封家书》

参考网址：http://www.baidu.com　　http://www.google.com

从这一课你学到了什么

1. _____

2. _____

综合练习（一）

第一部分：字词练习

一　填写表格中的内容，越多越好，并分析每组的特点

形旁	形旁名称	例字	你所知道的字
氵	三点水	清	
木	木字旁	树	
火	火字旁	烧	
钅	金字旁	钱	
土	提土旁	地	
石	石字旁	碰	
鸟	鸟字旁	鸭	
犭	反犬旁	狗	
虫	虫字旁	虾	
鱼	鱼字旁	鲜	
亻	单人旁	们	
彳	双人旁	行	
目	目字旁	眼	
月	肉月旁	肚	
扌	提手旁	打	
讠	言字旁	说	
口	口字旁	吃	

辶	走之儿	进
忄	竖心旁	怕
心	心字底	忘
𧾷	足字旁	跑
贝	贝字旁	财
饣	食字旁	饭
女	女字旁	妈
米	米字旁	粮
禾	禾木旁	秋
衤	衣字旁	补
礻	示字旁	祖
纟	绞丝旁	线
车	车字旁	辆
舟	舟字旁	船
宀	宝盖儿头	家
艹	草字头	草
𥫗	竹字头	篮
雨	雨字头	雪
疒	病字头	病
灬	四点底	热

二 选择正确的字组词

1. (吵、炒)架　　发(现、见)　　闹(种、钟)　　教(受、授)　　美(客、容)
　　便(李、条)　　任(何、可)　　冰(相、箱)　　(找、伐)木　　木(才、材)
　　(峰、锋)利　　(犯、范)围　　(决、觉)心　　鼓(午、舞)　　加(陪、倍)
　　(渐、惭)愧　　(到、道)歉　　(报、抱)怨　　倒(霉、梅)　　(拨、拔)动
　　伙(半、伴)　　(扔、仍)然　　(局、居)然　　(抱、报)复　　输(赢、羸)

故(义、意)　　得(意、义)　　狡(滑、猾)　　遇(愚、蠢　　糟(高、糕)
目(地、的)　　(吃、食)言　　(放、访)友　　难(兔、免)　　一(但、旦)
2. 如(此、比)　　盛(晴、情)　　告(词、辞)　　(砌、沏)墙　　参(于、与)
大(夏、厦)　　(块、缺)乏　　(积、激)情　　(衣、依)然　　(抱、报)酬
(偷、愉)快　　(便、使)劲　　(坚、艰)难　　墙(璧、壁)　　(嘲、潮)湿
干(噪、燥)　　(清、精)神　　(咸、感)动　　(艰、坚)强　　适(和、合)
(夸、考)虑　　(呐、纳)闷　　教(驯、训)　　回(亿、忆)　　(住、往)事
后(悔、悔)　　(增、曾)经　　(景、影)响　　(偎、喂)养　　(充、允)许
3. (衰、哀)求　　兴(愤、奋)　　机(偶、遇)　　一(船、般)　　决定(全、权)
空(闭、闲)　　(攻、功)课　　(犹、优)秀　　成(债、绩)　　(级、及)格
真(捧、棒)　　舒(负、服)　　(署、暑)假　　选(译、择)　　(壮、状)况
一(倍、辈)子　　问(侯、候)　　(宝、保)重　　此(至、致)　　敬(理、礼)
自(作、做)聪明　　自言自(话、语)　　忙忙(录录、碌碌)　　意犹(末、未)尽
一无(所、收)获　　犹豫不(觉、决)　　举(期、棋)不定　　(哭笑、笑哭)不得

三　根据不同的词语或词组类型归类

伐木　　　爱面子　　下决心　　木屑　　　拨动　　　寻找
自作聪明　输赢　　　皮鞭　　　食言　　　访友　　　阴雨
盛情　　　决定权　　微笑　　　挣钱　　　大厦　　　缺乏
潮湿　　　自言自语　愚蠢　　　鞋匠　　　往事　　　鸟巢
喂养　　　意犹未尽　进城　　　懂事　　　砌墙

主谓式

动宾式

联合式

偏正式

动补式

四　选词填空

| 围 | 猜 | 绕 | 醒 | 歇 | 留 | 贴 |

1. 我的闹钟停了，结果九点才（　　　）。
2. 出门以前，我给母亲（　　　）了一张条子。
3. 我忘记（　　　）邮票了，所以信被退了回来。
4. 你（　　　）有什么好消息？
5. 我每天（　　　）着这个湖跑一圈。
6. 不行了，我爬不动了，得（　　　）一会儿。
7. 广场上有一只猴子正在表演，很多人（　　　）着看。

| 糟糕 | 后悔 | 影响 | 请求 | 兴奋 | 感动 | 犹豫 | 成绩 | 舒服 | 选择 |
| 惭愧 | 道歉 | 抱怨 | 允许 | 惊奇 | 目的 | 坚强 | 适合 | 考虑 | 回忆 |

1. 伐木工人十分努力，可是没有砍很多树，所以他很（　　　）。
2. 我向你（　　　），是我错了。
3. 她总是（　　　），好像从来没有满意的事。
4. 儿子回家后（　　　）地发现房间里有一台新电脑。
5. 我来中国的（　　　）是为了提高汉语水平。
6. 我被这个故事（　　　）了。
7. 父亲希望我做个（　　　）的人。
8. 这个颜色并不（　　　）我。
9. 请你认真（　　　）一下我的要求，好吗？
10. 这段经历是我最美好的（　　　）。
11. 真（　　　），我的表摔坏了。
12. 想起自己说过的话，他很（　　　）。
13. 父母对孩子的（　　　）很大。
14. 未成年人不（　　　）进网吧。
15. 我有一个（　　　），不知道您能不能答应？
16. 听说这里的滑雪场很棒，我们都很（　　　）。
17. 机会这么好，你还（　　　）什么？
18. 孩子，不管你的考试（　　　）好不好，我都一样爱你。
19. 来一杯咖啡，听一曲喜欢的音乐，真（　　　）啊！
20. 你准备（　　　）哪个专业？

五 写出下列各词的近义词或反义词

1. 倒霉——
2. 干燥——
3. 棒——
4. 优秀——
5. 艰难——
6. 聪明——
7. 暑假——
8. 愉快——
9. 纳闷——
10. 答应——

六 读句子,注意加点词语的意思和用法

1. 如果你猜错了,就别怪我不客气了!
2. 任何条件我都可以答应你。
3. 趁爸爸出去买东西,我偷偷玩了一会儿网络游戏。
4. 对不起,我不是故意的。
5. 一旦长胖了,想瘦下来是非困难的。
6. 大家都出去了,他仍然坐在那里。
7. 你居然敢打你的弟弟?
8. 我曾经爱过他。
9. 目前,找工作越来越难。
10. 我真舍不得离开你们!

七 选词填空

1. 丢面子　爱面子

(1) 他是个非常(　　)的人,你怎么在大家面前批评他呢?
(2) 谁都会出错,有什么(　　)的?

2. 发现　发生

(1) 一进家门,我就(　　)屋里有了变化。
(2) (　　)了什么事?怎么这么多人在这里?

3. 订　定

(1) 我想(　　)做一双鞋。
(2) 小姐,我想(　　)一张去上海的火车票。

4. 道歉　抱歉

(1) 真(　　),我忘记通知你开会的时间了。
(2) 这全是我的错,我向你(　　)。

5. 悄悄　暗暗
　　(1) 听了老师的话,我(　　)高兴。
　　(2) 弟弟(　　)来到我的身后,我一点儿也没有发现。

6. 工夫　功夫
　　(1) 你现在有(　　)吗?我想和你聊聊。
　　(2) 少林和尚的(　　)世界闻名。

7. 依然　居然
　　(1) 你(　　)相信他说的话,真让我生气!
　　(2) 十年过去了,我(　　)保留着她的照片。

8. 不免　难免
　　(1) 看见老师走进来,我(　　)有些紧张。
　　(2) 学汉语的外国人嘛,语法有错误是(　　)的。

9. 路过　过路
　　(1) 我们也是(　　)人,所以不能给你指路,你问那个警察吧。
　　(2) 我(　　)他的房间时,听见他正在和同屋吵架。

10. 适合　合适
　　(1) 这个颜色很(　　)你。
　　(2) 你试试中号的,看看是不是(　　)?

11. 经验　教训
　　(1) 你应该找一个有(　　)的人来教你。
　　(2) 这件事给了我一个深刻的(　　)。

12. 曾经　已经
　　(1) 我(　　)吃过了,你们去吧。
　　(2) 我(　　)答应和他一起去旅行,但是现在我却病了。

13. 问候　问好
　　(1) 请替我(　　)你的家人。
　　(2) 见了你的父母,请替我向他们(　　)。

第二部分：阅读写作练习

一　根据情景写一个留言条

1. 周末，母亲出去买菜还没回来，你收到朋友的短信，请你去参加他的生日晚会。你给母亲留一张条子，告诉她不用等你吃饭了，并且说可能很晚回来，让她不要担心。

2. 你有急事去找朋友张元，可是他不在宿舍，你给他留下自己的手机号，请他一回来就立刻给你打电话。

二　阅读短文，完成练习

字数：180 字

时间：2 分钟

　　有一个小孩，大家都说他傻，因为他永远选择五毛，而不选一元。有个人不相信，就拿出两个硬币，一个一元，一个五毛，叫那个小孩任选其中一个，结果那个小孩真的挑了五毛的硬币。他又试了一次，孩子依然选了五毛的硬币。围观的人看得哈哈大笑。那个人觉得非常奇怪，便问那个孩子："难道你不会分辨硬币的价值吗？"

　　小孩小声说："如果我选择了一块钱，下次你们就不会让我玩儿这种游戏了！"

1. 对阅读材料进行意群划分

2. 根据短文判断对错
　　☐ (1) 大家都说那个孩子傻，是因为他不认识钱。
　　☐ (2) 那个大人试了两次。

□ 3. 小孩子没有告诉大家他选择五毛硬币的原因。
□ 4. 孩子觉得这是一个游戏。

3. 根据短文内容选择合适的解释
   (1) 有个人不相信,就拿出两个硬币,叫那个小孩<u>任</u>选其中一个。
       a. 任何选　　　b. 随便选　　　c. 注意选　　　d. 选住

   (2) 结果那个小孩真的<u>挑</u>了五毛的硬币。
       a. 选　　　　　b. 拿　　　　　c. 扔　　　　　d. 桃

   (3) 又试了一次,孩子<u>依然</u>选了五毛的硬币。
       a. 忽然　　　　b. 虽然　　　　c. 突然　　　　d. 仍然

   (4) <u>围观</u>的人看得哈哈大笑。
       a. 参观　　　　b. 围着看　　　c. 周围　　　　d. 观看

   (5) 那个人觉得非常奇怪,<u>便</u>问那个孩子:"难道你不会分辨硬币的价值吗?"
       a. 方便　　　　b. 随便　　　　c. 顺便　　　　d. 就

   (6) 难道你不会<u>分辨</u>硬币的价值吗?
       a. 看出差别　　b. 分开　　　　c. 看见　　　　d. 讨论

4. 写作练习
   (1) 给短文加上一个合适的题目:＿＿＿＿＿＿＿＿＿＿＿＿

   (2) 利用提示句模仿写作,注意标点和格式:
       有一个小孩……
       有个人不相信……
       结果……
       围观的人……
       那个人觉得奇怪,便……
       小孩小声说……

   (3) (选作)把短文扩写为四百字的故事。注意时间、地点、人物、事件的安排。

三 给下边的一段话加上标点符号

星期天丈夫出去散步妻子替丈夫把车洗干净了丈夫回来时看到汽车变得那么干净惊喜地问是谁这么好把我的车洗干净了妻子笑着说当然是最爱你的人了丈夫说我母亲来过了

四 根据你现在的情况给家人写一封信,注意格式

第三部分:分享

一 总结这一段的学习收获

二 朗读一篇比较满意的作文,大家一起评价作文的长处和可改进的方面

第七课 至 爱

学习目的

1. 亲情故事：亲情故事
2. 阅读技巧：意群划分（二）
3. 写作要求：记叙文（二）——简单场景描写

热身问题

1. 说到母亲，你想到哪些词语或者句子？
2. 你怎么看待离家出走的人？

阅读

没有上锁的门

提示：对句子进行意群划分
字数：413字
时间：4分钟

　　一个小山村的小屋里住着一对母女。一到晚上，母亲总是在门把手上锁三道锁，怕

坏人进来偷东西。

　　一天,女儿厌倦了一成不变的乡村生活,想去看看都市的生活,于是她趁母亲睡觉时,偷偷离开了家。

　　"妈,您就当做没我这个女儿吧。"她给母亲只留下了纸上的这句话。

　　可惜都市不如她想象得那么美好,她经历了很多苦难。十年之后,长大成人的女儿带着受伤的心与疲惫的身躯,回到了故乡。

　　到家时已是深夜了。她轻轻敲了敲门,没有动静。她突然有一种不祥的预感。她拧了一下门把手,门一下子开了。"奇怪!母亲以前从来不会忘记把门锁上的。"

　　女儿走进屋去,只见母亲瘦弱的身躯躺在冰冷的床上,她正在睡梦之中。

　　"妈妈……"

　　女儿的哭泣声吵醒了母亲。母亲睁开了眼睛,一下子坐了起来。她久久说不出一句话,只是紧紧地搂住了女儿。

　　在母亲怀里哭了很久之后,女儿问道:"妈,今天您怎么忘记锁门了,有坏人进来怎么办?"

　　母亲说:"不只是今天,我怕你晚上突然回来进不了家门,所以十年来家门从没锁过。"

(据 2004 年 2 月 21 日精美网文(http://www.lqdj.com.cn/forum),作者:佚名)

个人理解

1. 读这篇文章时,你有哪些联想?
2. 文章中的哪句话给你印象最深?

阅读理解

一 回答问题

1. 过去母亲睡觉前有什么习惯?为什么要这样做?
2. 女儿为什么要离开家?
3. 女儿为什么回来?
4. 女儿什么时候回来的?
5. 女儿为什么有不祥的预感?
6. 女儿回来时母亲在干什么?

二 根据课文内容选择正确答案

1. 女儿离家是因为:
   a. 想看看都市的生活　　　　b. 母亲对她很不好
   c. 为了爱情　　　　　　　　d. 想去挣更多的钱

2. 女儿对乡村生活的看法是:
   a. 宁静　　　b. 美丽　　　c. 一成不变　　　d. 空气新鲜

3. 女儿离开家时,母亲正在:
   a. 干活　　　b. 生病　　　c. 睡觉　　　　　d. 外出

4. 女儿离开家以前:
   a. 帮助母亲干了一天活　　　b. 给母亲写了一张字条
   c. 为母亲把门锁好　　　　　d. 亲了一下母亲

5. 女儿觉得都市的生活：
   a. 比想象的好　　　　　　　b. 很有意思
   c. 比想象的差　　　　　　　d. 比乡村的生活更美丽

6. 女儿回来的时候是：
   a. 傍晚　　　　b. 早晨　　　　c. 下午　　　　d. 深夜

7. 女儿回来时，母亲的身体很：
   a. 瘦弱　　　　b. 健康　　　　c. 疲惫　　　　d. 受伤

三　仿照例子，对各句进行意群划分

例：一个小山村的 / 小屋里 / 住着 / 一对母女。// 一到晚上 / ，母亲 / 总是 / 在门把手上 / 锁三道锁 / ，怕 / 坏人进来 / 偷东西 / 。

1. 可惜都市不如她想象的那么美好，她经历了很多苦难。
2. 十年之后，长大成人的女儿带着受伤的心与疲惫的身躯，回到了故乡。
3. 她轻轻敲了敲门，没有动静。
4. 她拧了一下门把手，门一下子开了。
5. 女儿走进屋去，只见母亲瘦弱的身躯躺在冰冷的床上。
6. 女儿的哭泣声吵醒了母亲。她睁开了眼睛，一下子坐了起来。

重点词语

1. (门)把手	（名）	(mén) bǎshou	knob; handle
2. 锁	（名/动）	suǒ	lock; to lock up
3. 厌倦	（动）	yànjuàn	be weary of
4. 一成不变		yìchéngbúbiàn	invarible; unalterable
5. 偷偷	（副）	tōutōu	secretly; stealthily
6. 当做	（动）	dàngzuò	treat as; regard as
7. 想象	（动）	xiǎngxiàng	imagine, visualize, conceive; imagination
8. 经历	（动）	jīnglì	go through
9. 苦难	（名）	kǔnàn	suffering; misery; distress
10. 受伤	（动）	shòushāng	be injured; be wounded; be harmed

11. 疲惫	（形）	píbèi	exhausted; tired out
12. 身躯	（名）	shēnqū	body; stature
13. 深夜	（名）	shēnyè	deep in the night
14. 敲门		qiāomén	knock at the door
15. 动静	（名）	dòngjing	sound; voice
16. 不祥	（形）	bùxiáng	ominous; inauspicious
17. 预感	（名）	yùgǎn	forefeel; premonition
18. 拧	（动）	nǐng	wrench; twist
19. 瘦弱	（形）	shòuruò	thin and weak
20. 冰冷	（形）	bīnglěng	ice-cold
21. 哭泣	（动）	kūqì	sob; weep
22. 睁	（动）	zhēng	open (one's eyes)
23. 搂	（动）	lǒu	hold in one's arms
24. 怀	（名）	huái	bosom

词汇练习

一 找出特殊词语

1. 把手　　窗户　　锁　　　门
2. 太阳　　深夜　　晚上　　星星
3. 疲惫　　轻松　　累　　　疲劳
4. 拧　　　踢　　　搬　　　敲

二 写出下列词语的反义词

1. 厌恶——
2. 疲惫——
3. 瘦弱——
4. 冰冷——
5. 睁——

三 填写适当的词语

1. （　　）的身躯　　　2. （　　　）的床

3. (　　)的预感　　　　　4. (　　)的生活

5. (　　)的心

四 选择合适的词语完成句子

1. 我想换换发型,不想总是(一成不变/千变万化)的样子。

2. (趁/起)警察没注意,小偷跑掉了。

3. 弟弟(偷偷/愉愉)拿走了桌子上的蛋糕,我竟然没有发现。

4. 她俩长得实在太像了,我把姐姐(当做/作为)妹妹了。

5. 这部电影比我(想象/想念)的还要好看。

6. 我过去的这段(经验/经历)从来没有向别人提起。

7. 我很(受伤/伤心),她竟然不相信我。

8. 听到外边没有(动静/安静),小明才敢走出来。

9. 在中国,红色表示(不祥/吉祥),所以结婚和节日的时候人们都喜欢用红色。

10. 看到大家的脸色,我有一种不好的(预先/预感)。

11. 母亲把儿子(搂/楼)在怀里,眼泪一滴一滴掉下来。

五 看看下边的词语有什么特点,并再写出几个

冰冷　火热　雪白　漆黑　冰凉

_____

小组讨论

1. 你认识的人是否有离家出走的经历？如果有,请简单介绍一下。

2. 评论一下课文中的母亲。

热身问题

1. 你对你生活中的哪个"第一次"印象最深?
2. 你怎么理解父母之爱?

阅读 二

父母心

提示:注意场景描写
字数:216字
时间:2分钟

一个冬天的早晨,天上飘着雪花,我站在黑暗寒冷的街上,等着早班公共汽车。不远处,有一对老年夫妇也在等车,身上落了一层雪。看样子,他们已经等了好长时间了。

早班车终于开来了。汽车鸣着喇叭从老夫妇身旁驶过,停在我的面前。我刚上去,司机立刻就开动了汽车,把风雪中的老夫妇抛在了路旁。我生气地对司机喊道:"难道你没看到那两个老人吗?"

年轻的司机说:"今天是我第一天上班。那是我的爸爸妈妈,他们是来看我第一次上班的。"

那一刻,我的心被深深震撼了。

(据 2005 年 6 月 14 日《中国剪报》,作者:郑秀芳)

个人理解

1. 读这篇文章时,你的心情是什么样的?
2. 你觉得作为司机的儿子心里会怎么想?

阅读理解

一 根据课文内容选择答案

1. 故事发生在:
   a. 春天　　　　b. 夏天　　　　c. 秋天　　　　d. 冬天

2. "我"正在等:
   a. 司机　　　　b. 老年夫妇　　c. 早班车　　　d. 下雪

3. 汽车开过来以后:
   a. "我"上了车　　　　　　　　b. 老年夫妇上了车
   c. "我们"三个人都上了车　　　d. 司机下了车

4. 对于司机来说,那天是:
   a. 他父母的生日　　　　　　　b. 他第一次在雪天开车
   c. 他第一天上班　　　　　　　d. 最冷的一天

二 根据课文回答问题

1. 这天天气怎么样?
2. 不远处有什么?
3. "我"为什么发火?
4. "我"的心为什么被震撼了?

三 仿照例子对各句进行意群划分

例：一个 / 冬天的早晨 /，天上 / 飘着雪花 /，我 / 站在 / 黑暗寒冷的 / 街上 /，
等着 / 早班 / 公共汽车 /。

1. 不远处，有一对老年夫妇也在等车，身上落了一层雪。看样子，他们已经等了好长时间了。
2. 汽车鸣着喇叭从老夫妇身旁驶过，停在我的面前。
3. 我刚上去，司机立刻就开动了汽车，把风雪中的老夫妇抛在了路旁。

重点词语

1. 飘	（动）	piāo	blow or drift about; flutter (in the air)
2. 雪花	（名）	xuěhuā	snowflake
3. 黑暗	（形）	hēi'àn	dark
4. 寒冷	（形）	hánlěng	cold; frigid
5. 层	（量）	céng	(*measure word for layers*,) tier, etc.
6. 鸣	（动）	míng	ring; sound
7. 喇叭	（名）	lǎba	loudspeaker
8. 驶	（动）	shǐ	move along quickly (of vehicle)
9. 开动	（动）	kāidòng	start; move
10. 抛	（动）	pāo	leave behind
11. 难道	（副）	nándào	is it possible that; can it be that
12. 震撼	（动）	zhènhàn	shake; shock

一 找出与名词相关的动词

名词：喇叭　雪花　汽车　心
动词：飘　鸣　驶过　开动　震撼　落

二 找特殊词语

1. 黑暗　　热情　　寒冷
2. 抛　　　扔　　　掉
3. 雪花　　雨水　　温度
4. 鸣　　　叫　　　喝
5. 停止　　开动　　离开

三 选词填空

飘　层　驶过　开动　震撼　寒冷

1. 没想到哈尔滨这么(　　　)，我的耳朵都要冻掉了。
2. 火车(　　　)的时候，我妈妈忍不住哭了。
3. 一辆黑色的奔驰从我面前(　　　)，可以看见司机是个白发老人。
4. 才半个小时，地上就落了厚厚的一(　　　)雪。
5. 雪花(　　　)落下来，轻轻地，轻轻地，落在我的脸上，感觉舒服极了。
6. 我被这封信里的内容深深(　　　)了。

合作学习

小组讨论：分为三组，以不同的身份叙述故事

人物	司机	老年夫妇	"我"
描述			

一 片段练习

1. 根据课文内容填空

　　一个冬天的早晨,天上(　　　),我站在(　　　)的街上,等着早班公共汽车。(　　　),有一对老年夫妇也在等车,身上落了一层雪,(　　　),他们已经等了好长时间了。

2. 仿照上边的文字,根据提示进行场景描写(60字内)

　(1) 早晨　上学和上班的人们

　　_____

　　_____

　(2) 夏日的夜晚　安静　月亮　星星

　　_____

　　_____

二 整体练习

1. 把小组讨论后的故事写出来,注意四个部分
　(1) 场景描写。
　(2) 人物关系。
　(3) 事情过程。
　(4) 结尾。

2. 写一个感动你的亲情故事
　参考题目:《至爱》《母爱无边》《父爱无边》《兄弟情》《姐妹情》……
　结构:
　第一部分:开头。
　第二部分:故事。
　第三部分:感想。

相关链接 ▶▶▶▶

从网上查找古代诗歌《游子吟(yín)》并背诵

从这一课你学到了什么

1. _____
2. _____

第八课　成语故事

学习目的

1. 内容提示：成语故事
2. 阅读技巧：寻找句子中的主要成分——主谓宾
3. 写作要求：记叙文(三)——按照时间顺序进行叙述

热身问题

1. "银子"是什么？
2. 如果你有很多钱，你觉得放在哪里最安全？

阅读 一

此地无银三百两

提示：注意动词的使用
字数：385 字
时间：4 分钟

从前，有个叫张三的人得到了三百两银子。他从没见过这么多银子,非常怕被人偷走,可又不知道把它们放在哪里才安全。想来想去,终于想出了一个自认为最好的办法。当天夜里,张三在自家的院子里挖了一个深坑,把银子埋了下去。埋好以后还不放心,他又在旁边竖了一个牌子,上边写了七个大字:"此地无银三百两。"这才放心地回去睡大觉了。

张三有个邻居叫阿二,夜里听见有人挖坑的声音,觉得很奇怪,忍不住来到张三的院子外边偷看。一看到牌子上的字,阿二就乐了。看张三走后,他赶紧找来工具,偷偷把银子挖出来捧回了家。回到家一数,一共有三百两银子。他高兴极了,马上把银子藏了起来。藏好以后,阿二心中暗暗高兴,可忽然又一想:"不行,明天早上如果张三发现银子不见了,一定会首先怀疑我。我得想个办法,不能让他对我产生怀疑。"于是,阿二赶紧回去,在张三的牌子旁边竖了个牌子,上边也写了七个大字:"隔壁阿二不曾偷。"

个人理解

1. 你觉得故事的内容是不是一个笑话?
2. 文中最重要的两句话是什么?

阅读理解

一　用简短的话概括一下课文两部分的内容

二 根据课文内容选择正确答案

1. 银子的量词是：
   a. 个　　　　　　b. 件　　　　　　c. 两　　　　　　d. 条

2. 先埋三百两银子的人是：
   a. 不知道　　　　b. 阿二　　　　　c. 张三的邻居　　d. 张三

3. "当天夜里"的意思是：
   a. 那天夜里　　　　　　　　　　b. 当时是夜里
   c. 当夜里的时候　　　　　　　　d. 第一天夜里

4. 张三竖牌子写字的目的是：
   a. 让别人知道他的书法很漂亮
   b. 怕别人知道银子在哪里
   c. 告诉邻居阿二
   d. 表示自己是穷人

5. 张三和阿二做的一样的事情是：
   a. 挖坑　　　　　b. 写牌子　　　　c. 偷看　　　　　d. 埋银子

三 根据课文内容回答问题

1. 张三把银子埋在哪里了？
2. 张三写的"此地无银三百两"是什么意思？
3. 阿二为什么看见这七个字就乐了？
4. 阿二做了什么？他为什么那样做？
5. "隔壁阿二不曾偷"的意思是什么？

四 仿照例子，找出各句的主谓宾部分

例：从前，有个叫张三的人得到了三百两银子。

1. 他从没见过这么多银子，非常怕被人偷走，可又不知道把银子放在哪里才安全。
2. 想来想去，终于想出了一个自认为最好的办法。
3. 当天夜里，张三在自家的院子里挖了一个深坑，把银子埋了下去。
4. 藏好银子以后，阿二心中暗暗高兴。
5. 隔壁阿二不曾偷。

重点词语

1. 当天	（名）	dàngtiān	that very day
2. 院子	（名）	yuànzi	courtyard
3. 挖	（动）	wā	to dig
4. 坑	（名）	kēng	hole; pit
5. 埋	（动）	mái	to cover up (with earth, snow)
6. 竖	（动）	shù	to set upright, erect
7. 牌子	（名）	páizi	plate; billboard for public notices
8. 忍不住		rěnbuzhù	cannot help doing sth.
9. 偷看		tōu kàn	to peek
10. 工具	（名）	gōngjù	tool
11. 数	（动）	shǔ	to count
12. 藏	（动）	cáng	to hide; conceal
13. 暗暗	（副）	ànàn	secretly; inwardly
14. 怀疑	（动）	huáiyí	doubt; suspect
15. 隔壁	（名）	gébì	next door

 词汇练习

一　词语搭配

1. 埋　　　a. 怀疑
2. 挖　　　b. 办法
3. 竖　　　c. 坑
4. 想　　　d. 牌子
5. 产生　　e. 银子

二　根据课文内容填上合适的词语

　　从前，有个叫张三的人(　　)到了三百两银子。他从没见过这么多银子，非常怕被人(　　)走，可又不知道把银子放在哪里才(　　　)。想来想去，(　　)想出了一个(　　)认为最好的办法。(　　　)夜

第八课 成语故事

里,张三在自家的院子里挖了一个深坑,把银子(　　)了下去。埋好以后还不放心,他又在旁边竖一个(　　),上边写了七个大字:"(　　)。"这才(　　)地回去睡大觉了。

三 选词填空

埋　挖　捧　藏　数　当天　偷看　忍不住　隔壁
牌子　暗暗　怀疑　工具

1. 这道题实在做不出来了,真想(　　)一下书后的答案。
2. 发生交通事故的(　　)应该有录像,我们是不是可以从那里发现点儿什么?
3. 你为什么(　　)他是小偷?
4. 植树节那天,我(　　)了三个坑,种了三棵树,虽然有点儿累,可是很快乐。
5. 我把种子(　　)在花盆里后,天天看它,希望有一个惊喜。
6. 他就住在我的(　　)。
7. 听说那个商店正在店庆,很多东西都降价,她(　　)去买了很多没用的东西。
8. 对不起,字典是(　　)书,不能借走,只能在这里看。
9. 那个孩子手里(　　)着的是什么?一只小鸟!真可爱!
10. 快(　　)一下儿,大家是不是都来了?
11. 孩子们正在玩儿(　　)猫猫游戏。
12. 看见考试题目这么容易,我心里(　　)高兴。
13. 你看那个商店门口有一个(　　),上边写着"跳楼价",这是什么意思?

合作学习

两人一组,表演这个故事
人物:张三、阿二。
道具:两个牌子。

热身问题

1. 你有过丢东西的经历吗？你当时的心情怎样？
2. 发生不幸的事情后，你一般是什么态度？

阅读 二

塞翁失马

提示：想一想文章可以分为几个部分
字数：425 字
时间：4 分钟

古时候，在北方的边塞住着一个老人。一天，他养的一匹马不见了，找了好久也没有找到，邻居们都来安慰他。没想到老人却一点儿不着急，也不悲伤，反而说："可能是好事呢！"

过了几个月，那匹丢了的马又回来了，而且后面还跟着一匹骏马。邻居们都来祝贺，可是老人并没有表现出特别高兴的样子，说："不必太高兴，这也许是件坏事呢！"

几天后，老人的儿子出去骑马的时候，不知道为什么，马好像疯了一样，拼命地跑。儿子控制不了，从马背上摔了下来，结果把腿摔断了。邻居们听说了，都来看望他的儿子，并且安慰老人。老人说："谢谢你们。但我是这样想的：虽然这是件祸事，但说不定又会给我们带来福

第八课 成语故事

气呢！"

不久，战争爆发了，年轻力壮的人都被抓去当兵，老人的儿子因为腿上有伤，就不用上战场了，他因此保住了一条性命。从那儿以后，父子俩过上了平静的生活。

后来，便有了"塞翁失马，安知非福"的说法。意思是说边塞上的老人丢了一匹马，怎么知道它不是好事呢？

很多时候就是这样，没有绝对的好事，也没有绝对的坏事。

(据《淮南子·人间训》)

个人理解

1. 在你们国家，有没有内容差不多的故事？
2. 你怎么看故事中的老人的想法？

阅读理解

一　用【　】划分文章的段落

二　根据课文内容填入

	事件	邻居的态度	老人的态度结果
第一次			
第二次			
第三次			

三 根据课文内容选择正确答案

1. 老人的马丢了以后：
   a. 他根本不去找　　　　　b. 邻居都去帮助他找
   c. 他不太悲伤　　　　　　d. 他很悲伤

2. 老人的马回来以后：
   a. 他非常高兴　　　　　　b. 马变得非常脏
   c. 马不爱吃东西　　　　　d. 还带回来一匹马

3. 老人的儿子骑马以后：
   a. 马疯了　　　　　　　　b. 大家都夸他骑得好
   c. 马摔断了腿　　　　　　d. 他摔断了腿

4. 战争爆发后：
   a. 儿子被抓去当了兵　　　b. 年轻力壮的人都被抓去当兵
   c. 父亲被抓去当兵　　　　d. 儿子战死了

5. "塞翁失马,安知非福"的"失"和"安"的意思是：
   a. 丢失、平安　　　　　　b. 丢失、安心
   c. 丢失、怎么　　　　　　d. 死、平安

四 "塞翁失马,安知非福"的意思是什么

 **重点词语**

1. 翁	（名）	wēng	old man
2. 边塞	（名）	biānsài	fortress
3. 养	（动）	yǎng	raise (animals)
4. 匹	（量）	pǐ	*measure word for horses*
5. 安慰	（动）	ānwèi	comfort; console
6. 悲伤	（形）	bēishāng	sad; sorrowful
7. 反而	（副）	fǎn'ér	*in the contrary*
8. 骏马	（名）	jùnmǎ	fine horse; steed

9.	祝贺	（动）	zhùhè	to congratulate; congratulation
10.	拼命	（副）	pīnmìng	with all one's might
11.	控制	（动）	kòngzhì	to control
12.	摔	（动）	shuāi	to fall
13.	断	（动）	duàn	break; break off
14.	看望	（动）	kànwàng	pay a visit
15.	祸	（名）	huò	disaster
16.	战争	（名）	zhànzhēng	war; warfare
17.	爆发	（动）	bàofā	(of a volcano) erupt; break out
18.	年轻力壮		niánqīnglìzhuàng	young and vigorous
19.	抓	（动）	zhuā	press-gang
20.	当兵		dāng bīng	serve in the army
21.	战场	（名）	zhànchǎng	battlefield
22.	保	（动）	bǎo	keep; maintain
23.	性命	（名）	xìngmìng	life
24.	绝对	（形）	juéduì	definitely; absolute

词汇练习

一 选择词语完成句子

1. 很多人都有过(养/长)小动物的经历。
2. 她一直在哭,我很想(安静/安慰)她,可是不知道说什么才好。
3. 心爱的小狗死了以后,他一直很(悲伤/受伤)。
4. (祝/祝贺)你演讲比赛得了一等奖!
5. 他跑着跑着,忽然(推/摔)倒了。
6. (访问/看望)心脏病人应该带什么比较好?
7. 战争(发现/爆发)以后,很多人离开了家乡。
8. (抓/拉)小偷!
9. 经过一个小时的手术,他的腿终于(好/保)住了。

二 选词填空

年轻力壮　拼命　控制　绝对　匹　断　战场　反而　祸　战争

1. 我很喜欢内蒙古草原,蓝蓝的天空下,绿色的草地上,几(　　　)马在那里吃着草,真是美极了。
2. 他听了我的话,不但没生气,(　　　)笑了起来。
3. 看见狮子来了,鹿(　　　)地跑,可是已经晚了。
4. 生气的时候,他常常不能(　　　)自己,周围的人都很怕他。
5. 我的笔摔(　　　)了,不能用了。
6. 买彩票得了五十万,这是福是(　　　)?
7. 人人都希望和平,没有人喜欢(　　　)。
8. 搬家公司的工人都是(　　　)的小伙子。
9. 我(　　　)不相信这是真的。
10. (　　　)上,很多人受了伤。

三 词语搭配

1. 骑　　　　　　a. 病人
2. 抓　　　　　　b. 性命
3. 看望　　　　　c. 人
4. 保住　　　　　d. 马

四 从课文中找出和"可能"意思一样的词语

小组讨论

谈谈对于"塞翁失马,安知非福"的看法。

第八课　成语故事

一　片段练习

1. 成语大赛：时间，五分钟。
   分成几个小组，限制时间，看哪个组写出的成语最多。
2. 抄写"塞翁失马，安知非福"五遍，记住这个句子。

二　整体练习

三百字作文。要求模仿课文写一个成语故事，注意段落结构，并参考使用以下词语：

| 从前 | 古时候 | 当天 | 不久 | 一天 | 后来 | 几天后…… |

结构：

第一部分：从前……（可再分几个小部分）

　　　　时间　　　　　　　　　地点

　　　　人物　　　　　　　　　事情

第二部分：后来，便有了……的说法

 相关链接 ▶▶▶▶

网上搜索"成语典故"，找一两个你喜欢的成语故事

从这一课你学到了什么

1. _____

2. _____

第九课 请勿入内

●学习目的●

1. 内容提示：标牌与商品说明提示
2. 阅读技巧：掌握常见标牌固定用语
3. 写作要求：简单标牌书写

●热身问题●

1. 你常常看见的标牌有什么？
2. "请勿"的"勿"是什么意思？

阅读

请勿　禁止　严禁

请勿……

第九课　请勿入内

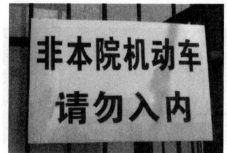

禁止……

严禁……

个人理解

1. 你觉得这些标牌有什么相同之处?
2. 你见到过哪几种?

阅读理解

一 说出各个标牌的意思,并说明可能在什么情况下使用

	意 思	使用场合
1. 请勿停放自行车。		
2. 非工作人员请勿进入。		
3. 非本院机动车请勿入内。		
4. 请勿打扰。		
5. 请您爱护花木,切勿攀枝摘花。		
6. 禁止吸烟。		
7. 禁打手机。		
8. 门诊楼内禁止使用移动电话。		

9. 出租车禁止通行。

10. 安全通道,严禁放车。

11. 严禁烟火。

二 在第一题中圈出最常用的几个词语

 重点词语

1. 勿	（副）	wù	do not; never
2. 禁止	（动）	jìnzhǐ	to prohibit
3. 严禁	（动）	yánjìn	strictly forbid
4. 非	（动）	fēi	not; no
5. 人员	（名）	rényuán	personnel; staff
6. 本	（代）	běn	one's own
7. 院	（名）	yuàn	yard; compound
8. 机动车	（名）	jīdòngchē	power-driven vehicle; motor/automotive vehicle
9. 入内		rù nèi	enter
10. 吸烟		xī yān	to smoke
11. 打扰	（动）	dǎrǎo	to disturb; trouble
12. 爱护	（动）	àihù	to cherish; treasure
13. 花木	（名）	huāmù	flowers and trees
14. 切(勿)	（副）	qiè (wù)	be sure (not to do sth.)
15. 攀	（动）	pān	to climb; hold onto
16. 枝	（名）	zhī	branch, twig for flowers with stems
17. 摘	（动）	zhāi	pick; take off
18. 门诊	（名）	ménzhěn	outpatient service; policlinic
19. 使用	（动）	shǐyòng	to use
20. 移动电话		yídòng diànhuà	mobile phone
21. 通行	（动）	tōngxíng	pass through; go through
22. 通道	（名）	tōngdào	passageway
23. 烟火	（名）	yānhuǒ	smoke and fire

词汇练习

一、选词填空

入内　通道　非　本　勿　吸烟　枝　人员

1. 在很多博物馆里都有"请（　　　）照相"的牌子。
2. 自行车得走（　　　）机动车道。
3. 这是工作（　　　）的休息室，请您去办公室谈。
4. （　　　）周四晚八点在留学生活动中心举行中秋晚会。
5. 你看，门上写着"请勿（　　　）"，咱们还是不要进去了。
6. 春天来了，树（　　　）上的绿色真好看。
7. （　　　）有害健康。
8. 马路上车辆很多，请走地下（　　　）。

二、找特殊词语

1. 机动车　　汽车　　飞机
2. 花木　　　花草　　花钱
3. 门诊　　　门口　　急诊
4. 移动电话　手机　　电脑

三、选择合适的词语完成句子

1. 对不起，(打扰 / 干扰)你了。
2. 环境(保护 / 爱护)是非常重要的问题。
3. 他从路边(攀 / 摘)了一朵花送给心爱的姑娘。
4. 加油站里(禁止 / 停止)吸烟。
5. 厕所已坏，停止(用 / 使用)。
6. 我有(通过 / 通行)证，应该可以进小区。
7. 这是(禁 / 李)烟区，请您不要抽烟。

分组搜集标牌语句，和大家一起分享

第九课　请勿入内

热身问题

1. 你见过的食品说明上常常有哪些内容？
2. "保质期"和"有效期"有没有区别？

阅读

食用说明

(北京同仁堂)感冒清热颗粒

【用法用量】开水冲服，一次1袋，一日2次。

【生产日期】2006 8 20

【有效期】2009 7

伊利早餐奶

【生产日期】见盒顶部

【保质期】常温下6个月

【此日期前饮用最佳】20060922

【生产日期】20060322

（稻香村）速冻生制猪肉三鲜馅水饺

【净含量】450g(或450克)

【生产日期】见封口处

【保质期】3个月

【贮存方法】–18℃以下贮存

个人理解

以上三个食品说明中相同的部分是什么？

说说下面各句的意思

1. 用法用量：
2. 开水冲服：
3. 生产日期：
4. 有效期：
5. 见盒顶部：
6. 常温下6个月：
7. 此日期前饮用最佳：
8. 速冻猪肉三鲜馅水饺：
9. 净含量：
10. 见封口处：
11. 贮存方法：

第九课　请勿入内

 **重点词语**

1. (用)量	（名）	(yòng) liàng	capacity; amount
2. 开水	（名）	kāishuǐ	boiling water; boiled water
3. 冲服		chōngfú	to take (medicine) after mixing it with water; wine, etc.
4. 袋	（量）	dài	(*measure word*) bag; sack
5. 生产	（动）	shēngchǎn	produce
6. 日期	（名）	rìqī	date
7. 有效期	（名）	yǒuxiàoqī	term (period) of validity; time of efficacy
8. 见	（动）	jiàn	to see
9. 盒	（名）	hé	box, especially a small box
10. 顶部	（名）	dǐngbù	top
11. 保质期	（名）	bǎozhìqī	period of keeping good quality
12. 常温	（名）	chángwēn	normal atmospheric temperature
13. 此	（代）	cǐ	this; like this
14. 饮用	（动）	yǐnyòng	to drink
15. 佳	（形）	jiā	good; best
16. 速冻	（动）	sùdòng	quick-freeze
17. 三鲜	（名）	sānxiān	three kinds of delicious material
18. 馅	（名）	xiànr	filling; stuffing
19. 水饺	（名）	shuǐjiǎo	jiaozi; dumpling (with meat and vegetable stuffing)
20. 净	（形）	jìng	net (price, weight, etc.)
21. 含量	（名）	hánliàng	content
22. 克	（量）	kè	gram
23. 封口	（名）	fēngkǒu	seal
24. 处	（名）	chù	place
25. 贮存	（动）	zhùcún	to store; deposit

词汇练习

一、词语联想

1. 开水：
2. 佳：
3. 速冻：
4. 馅：

二、选词填空

<u>盒　处　此　袋　克　量　佳　馅</u>

1. 说明书上有用法和用（　　　），你不用担心。
2. 啊？这么苦的药，一次要喝两（　　　）？
3. 我已经从一天抽一（　　　）烟变成一天一支了。
4. 门上写着："（　　　）门不开，请走南门。"
5. 运动是最（　　　）减肥方式。
6. 吃饺子？行！什么（　　　）的？
7. 1公斤等于1000（　　　）。
8. 这种药得放在高（　　　），不能让孩子随便拿到。

三、选择合适的词语完成句子

1. 中国人喜欢喝（开水／凉水），西方人对此很不习惯。
2. （生产日期／有效期）已经过了，这些药不能再吃了。
3. 面包的（保质期／生产日期）一般是4天。
4. 包装的（顶上／顶部）有生产日期，请你看一下。
5. 鲜牛奶一般不能在（平常／常温）下保存，最好放在冰箱里。
6. 我们的鸡肉没有问题，请您放心（食用／饮用）。
7. 时间不够了，买点儿（速冻／快冻）饺子吧。

第九课 请勿入内

合作学习

分组搜集食品包装样品向大家展示,并说明可以看懂的部分

一　片段练习

抄写几个课文中的标牌语句，注意书写要美观

_____
_____
_____

二　整体练习：二百字作文《我看到的汉语标牌》

结构

第一部分：简单介绍。

第二部分：印象最深的标牌。

第三部分：小结。

一　感冒清热颗粒包装说明

　　　　　　　　　　　　　正面

感冒清热颗粒

Ganmao　Qingre　Keli

请仔细阅读说明书并按说明使用或在药师指导下购买和使用

【成分】荆芥穗、薄荷、防风、柴胡、紫苏叶、葛根、桔梗、苦杏仁、白芷、苦地丁、芦根。
　　　　辅料为蔗糖、糊精。

【功能主治】疏风散寒，解表清热。用于风寒感冒，头痛发热，恶寒身痛，鼻流清涕，
　　　　　　咳嗽咽干。

【用法用量】开水冲服，一次1袋，一日2次。

北京同仁堂科技发展股份有限公司制药厂

背面

注意事项等详见说明书
【规格】每袋装 12 克。
【贮藏】密封。
【包装】复合膜袋,每袋装 12 克,每盒装 10 袋。
【批准文号】国药准字 Z11020361
【生产企业】
企业名称:北京同仁堂科技发展股份有限公司制药厂
地　　址:北京市丰台区南三环中路 20 号
邮政编码:100075
电话号码:(010)67621166
传真号码:(010)67615182
网址:www.tongrentangkj.com
【生产日期】20041212
【产品批号】4114845
【有效期】至 200711

二 伊利早餐奶包装顶部说明

此日期前饮用最佳:
7 05 20060627
生产日期:
T2022 20051227

○　饮管孔

十足**营养**早准备!

从这一课你学到了什么

1. _____
2. _____

第十课　是真是假

学习目的

1. 内容提示：有关请假的故事和思考
2. 阅读技巧：简化句子
3. 写作要求：便条（二）——请假条

热身问题

1. 你上学的时候常常请假吗？
2. 上学时请假有哪些常见的理由？

阅读

让人哭笑不得的请假理由

提示：注意每一段的开头一句
字数：442字
时间：5分钟

一个小学生三天没来上课，第四天他来了。老师问他为什么旷课，他说："大前天是我爸爸病了，前天我妈妈病了，昨天……我家的电脑有病毒了。"

冬天的早晨，一位女生刚上课就请假。她告诉老师，早晨起床晚了，怕迟到，急忙跑到学校，结果发现只穿了一只袜子。现在脚冷得受不了，所以得马上回家去穿袜子。

这天早晨，老师接到一位女生打来的电话："我昨天算命了，算命先生说我最近有大难，要我只呆在家里，不能出门，更不能上学。"老师说："这是迷信，不准请假！"女生的妈妈抢过电话大声叫道："我就这一个宝贝女儿，她要是出门被车撞了、被人杀了、被楼上掉下来的花盆砸伤了，怎么办？"

某中学有两个淘气的男生，一位在上课的时候突然站起来惊叫："我看不见了，我突然什么也看不见了，我的眼睛……"女老师关切地说："快去医院！"那男生就一溜烟跑了出去。他后面的男生立刻站起来对老师说："我得去帮他，他看不见，万一撞到墙就糟了。"女老师说："去吧，如果严重就找他家长啊！" 十分钟后，有人看见他俩在校门外的冷饮店里乐呵呵地吃着冰激凌。

(据2004年4月20日东方新闻出版网《让老师哭笑不得的请假理由》，作者：佚名)

个人理解

1. 读这篇文章时，你的心情是怎样的？
2. 你觉得文章中哪些理由是真的？

第十课 是真是假

阅读理解

一 根据课文内容选择正确答案

1. 文章中提到了几次请假？
   a. 三次　　　　b. 四次　　　　c. 五次　　　　d. 六次

2. 文章中的请假理由有几个可能是真的？
   a. 两个　　　　b. 三个　　　　c. 四个　　　　d. 五个

3. 男生三天没有来上课的理由：
   a. 只有一个　　b. 有两个　　　c. 有三个　　　d. 有四个

4. 女生刚上课就请假是因为：
   a. 她忽然肚子疼　　　　　　　b. 她忘了带书包
   c. 她少穿了一只袜子　　　　　d. 她妈妈病了

5. 对于算命先生的说法，老师：
   a. 完全同意　　　　　　　　　b. 认为是迷信
   c. 觉得有道理　　　　　　　　d. 有点儿相信

6. "一溜烟跑了出去"的意思是：
   a. 非常快地跑了出去　　　　　b. 烟跑得很快
   c. 烟很少，所以很快能出去　　d. 烟马上就没有了

二 根据课文内容回答问题

1. 小学生为什么连续三天没有上课？
2. 女生为什么少穿了一只袜子？
3. 算命先生说了些什么？
4. 女孩的母亲不让女儿上学是怕什么？
5. 男生说看不见了，当时老师的态度是怎样的？
6. 请假后两个男生做了什么？

三　根据文章内容填表

	请假人	请假原因	老师的态度	你的评价
1.				
2.				
3.				
4.				
5.				

四　仿照例子简化各句（找出各句最主要的部分）

例：冬天的<u>早晨</u>，一位<u>女生</u>刚上课就<u>请假</u>。

1. 这天早晨，老师接到一位女生打来的电话。
2. 某中学有两个淘气的男生，一位在上课的时候突然站起来惊叫："我看不见了，我突然什么也看不见了，我的眼睛……"
3. 老师关切地说："快去医院！"
4. 那男生就一溜烟跑了出去。
5. 十分钟后，有人看见他俩在校门外的冷饮店里乐呵呵地吃着冰激凌。

重点词语

1.	请假	（动）	qǐngjià	ask for leave
2.	理由	（名）	lǐyóu	reason
3.	旷课	（动）	kuàngkè	be absent from school without leave; cut school
4.	病毒	（名）	bìngdú	virus
5.	袜子	（名）	wàzi	socks; stockings
6.	算命	（动）	suànmìng	to tell fortune; fortune-telling
7.	难	（名）	nàn	calamity; disaster
8.	呆	（动）	dāi	to stay
9.	迷信	（名）	míxìn	superstition; superstitious belief
10.	准	（动）	zhǔn	to allow; permit
11.	抢	（动）	qiǎng	to grab

第十课 是真是假

12. 宝贝	（名）	bǎobèi	baby; darling
13. 撞	（动）	zhuàng	collision of vehicles; bump against
14. 花盆	（名）	huāpén	flowerpot
15. 砸	（动）	zá	to pound; tamp
16. 某	（代）	mǒu	certain, some; indefinite person or thing
17. 淘气	（形）	táoqì	naughty; mischievous
18. 关切	（形）	guānqiè	be deeply concerned
19. 一溜烟	（副）	yíliùyān	quick as a wisp of smoke; swiftly
20. 万一	（连）	wànyī	in case; if by any chance; one in ten thousand
21. 严重	（形）	yánzhòng	be serious
22. 家长	（名）	jiāzhǎng	head of a family; parent or guardian of a child
23. 冷饮	（名）	lěngyǐn	cold drinks
24. 乐呵呵	（形）	lèhēhē	happy and gay
25. 冰激凌	（名）	bīngjīlíng	icecream

词汇练习

一　猜猜下列词语的意思

乐呵呵　　笑哈哈　　笑眯眯　　笑嘻嘻　　微笑
大笑　　　苦笑　　　傻笑　　　哭笑不得

二　词语联想

1. 哭笑不得：
2. 迷信：
3. 淘气：
4. 冷饮：
5. 家长：
6. 病毒：

三　找特殊词语

1. 花盆　　花店　　花钱
2. 冰激凌　　面条　　酸奶

3. 旷课　　上课　　迟到
4. 裤子　　被子　　袜子

四 选词填空

糟　算命　准　万一　迷信　严重　淘气　理由　难　砸　抢
呆　关切　一溜烟　宝贝　撞　某　哭笑不得　请假

1. 我不认识他,可他非说我是他的姐姐,真让我(　　　)。
2. (　　　)的人常常受骗。
3. 男孩子一般比女孩子(　　　)。
4. 明天如果你的感冒还好不了,就向老师(　　　)吧。
5. 说出一个(　　　),我就相信你。
6. 我母亲特别相信(　　　)先生的话。
7. 如果心中有爱,再大的苦(　　　)我也不怕。
8. 今天有沙尘,外边空气不好,还是(　　　)在屋子里吧。
9. 图书馆里不(　　　)抽烟。
10. 那个人(　　　)走了我的手机。
11. (　　　)儿子不见了,母亲痛苦万分。
12. 我刚学会骑车的时候,常常(　　　)在路边的树上。
13. 信的最后应该写上(　　　)年(　　　)月(　　　)日。
14. 我是假装生病,所以不敢面对母亲(　　　)的目光。
15. 小偷看见警察,(　　　)跑了。
16. 你带上雨伞吧,(　　　)下雨,好有个准备。
17. (　　　)了,我的MP3忘在教室了!
18. 这个病人的病情很(　　　),需要马上手术。
19. 他这样做,是搬起石头(　　　)自己的脚。

小组讨论:说说你所想到的请假的理由

第十课　是真是假

热身问题

1. 你怎么看请假?
2. "挂着羊头卖狗肉"是什么意思?

阅读 二

关于请假

提示：找出代表作者个人观点的语句

字数：378字

时间：4分钟

　　每个人都请过假,请假的理由也是多种多样的。不过,请假不一定真有事,这也是大家都知道的情况。

　　请假的人不少是想偷懒的人。上学时代,请假是经常的事,好像几天不请假,浑身就不舒服似的。当然,小孩子就是小孩子。请起假来,理由往往是可笑的,比如"老师,今天我浑身肚子疼","今天,突然觉得不舒服,医生叫我休息两天"等等。老师听了这些理由,通常是微笑地看看"可怜"的请假者,然后就同情地批准了。请完假以后,自然可以去做自己想做的事……

　　那时年龄小,没有发现请假原来也是病,可如果得上了,想治好却没那么容易。

　　成人的请假和小孩子不同。相比之下,他们的请假不再是跟自己过不去了。什么样的话都能说出口,什么样的倒霉事都能遇见。

说自己有病的少了，大多数是说自己的亲戚朋友有病了或是遇见车祸了，自己应该去安慰一下等等。请假的人常常都是这样挂着羊头卖狗肉。

从古至今，请假的理由有多少呢？

(据2005年3月25日书籍之家网《请假的理由》，作者：悄默)

个人理解

1. 你是否同意作者的观点？
2. 你对文章中的哪些句子印象深刻？

阅读理解

一 根据课文内容选择答案

1. 下边哪种说法不是作者的观点？
   a. 请假的理由多种多样
   b. 请假不一定真有事
   c. 请假的人不少是想偷懒的人
   d. 请假的人都很可怜

2. 下边哪种说法正确？
   a. 孩子请假的理由常常很可笑
   b. 老师不同情那些用假理由请假的学生
   c. 成人请假和小孩子请假的理由差不多
   d. 成人比小孩子更倒霉

3. "好像几天不请假,浑身就不舒服似的"这句话的意思是:
   a. 请假已经成为一种习惯
   b. 请假以后,全身不舒服
   c. 如果几天不请假,就会生病
   d. 请假是一件让人身体不舒服的事

4. 课文中"挂着羊头卖狗肉"的意思是:
   a. 希望买到的和正在卖的不一样
   b. 真实情况和说出来的理由不一样
   c. 卖羊头的人实际上在卖狗肉
   d. 卖狗肉的人实际上在卖羊肉

二 下边各句是什么意思？谈谈你的看法
1. 请假的人不少是想偷懒的人。
2. 小孩子就是小孩子。
3. 请假原来也是病。
4. 成人的请假和小孩子不同。
5. 请假的人常常都是挂着羊头卖狗肉。

三 读下边各句并把他们简化
1. 请假的理由是多种多样的。
2. 请假不一定真有事,这也是大家都知道的情况。
3. 请假的人不少是想偷懒的人。
4. (他们)请起假来,理由往往是可笑的。
5. 老师听了这些理由,通常是微笑地看看"可怜"的请假者,然后就同情地批准了。
6. 说自己有病的少了,大多数是说自己的亲戚朋友有病了或是遇见车祸了,自己应该去安慰一下等等。

 重点词语

| 1. 偷懒 | （动） | tōulǎn | be lazy |
| 2. 时代 | （名） | shídài | period of one's life |

3. 浑身	（名）	húnshēn	from head to toe
4. 似的	（助）	shìde	as; as if
5. 通常	（形）	tōngcháng	general; usual
6. 可怜	（形）	kělián	pitiful; pitiable
7. 同情	（动）	tóngqíng	commiserate with; empathize with
8. 批准	（动）	pīzhǔn	to approve, endorse
9. 年龄	（名）	niánlíng	age
10. 治	（动）	zhì	treat; cure
11. 成人	（名）	chéngrén	adult
12. 相比	（动）	xiāngbǐ	compare with
13. 亲戚	（名）	qīnqi	relatives
14. 车祸	（名）	chēhuò	traffic accident
15. 至	（动）	zhì	to; until

词汇练习

一 选词成句

1. 考试的时候，不要(偷懒 / 偷看)别人的答案。
2. 每个人的中学(时间 / 时代)都是很宝贵的。
3. 跑了1500米以后，我(浑身 / 身体)上下不舒服。
4. 他说起话来像姑娘(似的 / 相似)。
5. 我(通常 / 通过)八点回家。
6. 我去法国旅行的时候，路上的行人常常(微笑 / 大笑)着和我打招呼。
7. 这个小狗每天在外边找吃的，真(可怜 / 可惜)。
8. 我虽然很穷，但是并不喜欢别人(同意 / 同情)我。
9. 老师，这是我的假条，请您(批评 / 批准)。
10. 他的(年代 / 年龄)虽小，经历却很丰富。
11. 大夫，请一定要(台 / 治)好我的宝贝小猫啊。
12. (大人 / 成人)说话的时候，小孩不要随便插嘴。
13. 北京的春天风很大，(比较之下 / 相比之下)，秋天更舒服。
14. 婚礼上，新郎新娘的(亲戚 / 亲人)朋友都来了。
15. 这个可怜的孩子的父亲在(车祸 / 车辆)中失去了生命。

16. 她一听到这个消息就哭了,你去(安慰/安心)她一下吧。

二 词语联想

1. 偷懒:
2. 可怜:
3. 倒霉:
4. 亲戚:

三 给画线部分的词语选择合适的解释

1. 每个人都请过假,请假的理由也是<u>多种多样</u>的。
   a. 各种各样　　b. 有很多　　c. 不太一样　　d. 大多一样

2. 请假的人<u>不少</u>是想偷懒的人。
   a. 很多　　b. 有一些　　c. 大部分　　d. 不多

3. 请起假来,理由<u>往往</u>是可笑的。
   a. 来往　　b. 过去　　c. 已经　　d. 常常

4. 老师,今天我<u>浑身</u>肚子疼。
   a. 全身　　　　　　b. 身体
   c. 健康　　　　　　d. 身体的一部分

5. 那时年龄小,没有发现请假原来也是病,可如果<u>得</u>上了,想治好却没那么容易。
   a. 得病　　b. 得到　　c. 收获　　d. 可能

6. 相比之下,他们的请假不再是<u>跟自己过不去</u>了。
   a. 为难自己　　　　b. 不能原谅自己
   c. 不出去玩　　　　d. 拿自己开玩笑

7. 从古<u>至</u>今,请假的理由有多少呢?
   a. 只　　b. 到　　c. 至于　　d. 不至于

合作学习

小组辩论

辩题：请假是一种病。
要求：有事例有议论。
时间：十分钟。

第十课 是真是假

请假条模板

A 请假条【居中】

B 称呼【左边顶格】

□□C 内容：说明请假原因、请假时间。参考固定格式：

□□因……，特请假……（时间），请批准／请予……为盼。

【开头空两格】

□□D 此致【左边空两格】

敬礼！【左边顶格】

E 签名【右下】

F 时间【右下】

示例

请假条

王老师：

　　因我父母今日来京，需要我去机场迎接，所以不能去上课。特请假一天，请您批准。

　　此致

敬礼！

您的学生：林心

4月16日

补充词语

1. 特	（副）	tè	specially
2. 予	（动）	yǔ	give; grant
3. 盼	（动）	pàn	to hope for; expect

一 片段练习

1. 找出示例中的 ABCDEF 部分。
2. 抄写请假条示例,注意标准格式。

二 整体练习

根据情景写一张请假条

1. 你今天早上起床后觉得头疼,浑身无力,所以写一张假条,请同屋交给老师。
2. 明天你的父母要去故宫,可是他们不懂汉语,你需要陪他们,所以写一张请假条请同学带给老师。
3. 下周三是你姐姐的婚礼,你需要回国祝贺,你写一张请假条向老师请假。

相关链接 ▶▶▶▶

留一个

父亲:"孩子,今天不要去上课了,昨晚妈妈给你生了两个小弟弟。明天你给老师解释一下就是了。"

儿子:"爸爸,明天我只说生了一个,行吗?另一个我想留着下星期不想上学时再说。"

五花八门的请假理由

在美国,中小学生如果未能去学校上课,第二天就必须交上家长亲笔写的请假条,上边应该说明理由,不然就算做旷课。请看家长们写出的五花八门的理由:

- 亲爱的 A 小姐:B 的生日是 2 月 29 日,因此每隔三年才能过一次生日。为了让他好好过四年才一次的生日,望您准假一天。
- 亲爱的 C 先生:D 在昨天晚餐时竟说同学的坏话。为了让他改正这个不良习惯,我们决定最好让他今天留在家中反省一天。
- 亲爱的 E 小姐:F 的生父昨天第四次结婚。尽管他不一定非得参加父亲的婚礼,但他仍决定不上学校,以免被同学们笑话。
- 亲爱的G小姐,昨天是"愚人节",H自称未去上学,但我不知他说的是真话还是假话。不管怎样,我还是给您交上请假条,您看着办吧。
- 亲爱的I先生:请原谅您的学生J昨天未能到校上课,原因是我们误以为昨天是星期日。顺便说一句,我和他妈妈也未去上班。

(据1997年2月《中外家庭文摘·请假理由五花八门》,邓红梅编译)

从这一课你学到了什么

1. _____

2. _____

第十一课　眼见为实

学习目的

1. 内容提示：经验与实践
2. 阅读技巧：寻找关键词
3. 写作要求：文章开头的艺术

热身问题

1. 你喜欢做实验吗？
2. 你做过什么有意思的实验？

阅读 一

姆佩姆巴效应

 提示：找出文章中的关键词语
字数：402 字
时间：4 分钟

一杯冷水和一杯热水同时放入冰箱的冷冻室里，哪一杯水先结冰？很多人都会毫不犹豫地回答："当然是冷水先结冰！"

第十一课 眼见为实

非常遗憾,错了!发现这一错误的是非洲的一个叫姆佩姆巴的中学生。

1963年的一天,坦桑尼亚某中学初三学生姆佩姆巴发现,自己放在电冰箱冷冻室里的热牛奶比其他同学的冷牛奶先结冰。这令他大惑不解,就立即跑去问老师,老师则认为肯定是姆佩姆巴搞错了。姆佩姆巴只好再做一次实验,结果与上次完全相同。

不久,达累斯萨拉姆大学的物理系主任奥斯玻恩博士来到这所中学。姆佩姆巴向博士提出了自己的疑问,后来博士把姆佩姆巴的发现列为大学二年级物理课外研究课题。随后,许多新闻媒体把这个非洲中学生发现的物理现象称为"姆佩姆巴效应"。

很多人认为正确的,并不一定就真正确。像姆佩姆巴碰到的这个似乎是常识性的问题,我们稍不小心,便会像那位老师一样,做出自以为是的错误回答。

疑问是打开知识大门的钥匙。提出正确的问题,往往等于解决了问题的一半。

(据2005年9月16日《深圳商报》,作者:于文忠)

个人理解

1. 读这篇文章时,你想到了什么?
2. 文章中的哪些词句给你印象深刻?

阅读理解

一 回答问题

1. 姆佩姆巴是什么人？
2. 姆佩姆巴发现了什么问题？
3. 发现问题以后，他是怎么做的？
4. 对于姆佩姆巴的发现，老师和博士的态度有什么不同？
5. 什么是"姆佩姆巴效应"？

二 根据课文选择正确答案

本文的主要意思是：
a. 热水比冷水更容易结冰
b. 冷水比热水更容易结冰
c. 博士比老师更聪明
d. 疑问是打开知识大门的钥匙

三 用五句话简单介绍文章的内容

_____
_____
_____
_____
_____

四 本文的关键词是

_____

重点词语

1. 结冰　　jié bīng　　　　freeze; ice up
2. 毫不犹豫　háobùyóuyù　　without hesitate

3. 遗憾	（形）	yíhàn	pity
4. 冷冻室	（名）	lěngdòngshì	freezing box
5. 大惑不解		dàhuòbùjiě	be extremely puzzled
6. 实验	（名）	shíyàn	experiment, test
7. 疑问	（名）	yíwèn	query; doubt; interrogation
8. 课题	（名）	kètí	question for study or discussion
9. 媒体	（名）	méitǐ	(news) media
10. 效应	（名）	xiàoyìng	effect
11. 自以为是		zìyǐwéishì	consider oneself (always) in the right
12. 正确	（形）	zhèngquè	correct; right

专有名词

1. 姆佩姆巴　　Mǔpèimǔbā　　name of a person
2. 坦桑尼亚　　Tǎnsāngníyà　　Tanzania
3. 达累斯萨拉姆　Dálèisīsàlāmǔ　Daressalaam, the capital of Tanzania
4. 奥斯玻恩　　Àosībō'ēn　　name of a person

词汇练习

一、记住这几个词语，并且写出它们的意思

1. 毫不犹豫：
2. 大惑不解：
3. 自以为是：

二、词语搭配

1. 做　　　　a. 冰
2. 结　　　　b. 实验
3. 提出　　　c. 回答
4. 做出　　　d. 问题
5. 解决　　　e. 疑问

三 找出特殊词语

1. 冷冻室　冰箱　空调
2. 研究　　实验　实在
3. 遗憾　　高兴　伤心
4. 错误　　正确　正在
5. 媒体　　新闻　教室

四 选词完成句子

1. 很(遗憾/正确)，这道题你没有答对。
2. 看到朋友有危险，他(毫不犹豫/自以为是)地去帮助他。
3. 带着(实验/疑问)，我去向老师请教。
4. 我们正在研究一个新的(话题/课题)。
5. 他怎么能做这样的事情？真令我们(大惑不解/自以为是)。
6. 很多物理(现象/想象)都是很有趣的。

合作学习

一 小组讨论并列表

	实际情况	你的评价
中学生遇到问题后的反应		
老师的反应		
博士的反应		

二 做一次冷热水结冰试验，看看有什么结果

热身问题

你一般注意商品包装上的提示或说明吗?

阅读 二

提 示

提示:注意文章中动词的使用
字数:641字
时间:6分钟

在英国,所有灯泡的包装纸上都印着这样一句话:Do not put that object into your mouth! 意思是"不要把灯泡放进口中"! 是不是有点儿可笑? 除了神经病,谁会把灯泡塞进嘴里? 一天,我和朋友谈到了这个问题,他突然很认真地告诉我,有本书上也这么说,真的有人试过,而且确实拿不出来。原因是灯泡放进口中后便会卡住,无论如何也拿不出来。

对此,我十分怀疑。我认为灯泡表面十分光滑,如果可以放进口中,证明口部足够大,因此理论上说应该可以拿出来。回到家中,我拿起一个灯泡左思右想,始终觉得我的想法没错。我决定试一下。

为此我专门买了一瓶食用油,以防卡住拿不出来。一切准备好后,我把灯泡放进口中。不用一秒钟,灯泡便滑入口中,照这样看,要拿出来绝无问题。接着,我轻松地拉了一下灯泡,然后再加点儿力,又把口张大一些。天哪,真的卡住拉不出来了! 好在还有一瓶油……

　　三十分钟后,我倒了四分之三瓶油,其中一半倒进了肚子,可那灯泡还是动也不动。我只好打电话求救,号码刚按了一半,才想起口中有个灯泡,如何说话?没办法,只好写了张纸条,去敲邻居的门。邻居一见我的样子,就大笑起来,笑得流出了眼泪。半小时后,她帮我叫了一辆出租。司机一见我,笑得半天开不了车。在车上,他不停地说我的嘴太小,还说如果是他就没问题。

　　在医院,我被护士骂了十多分钟,说我浪费她的时间。那些本来痛苦万分的病人,见了我都好像没病了,人人开怀大笑。医生把棉花放进我嘴里的两边,然后轻轻把灯泡敲碎,一片片拿出来。

　　当我走出医院大门时,迎面来了一个人,正是刚才那位司机,他口里正含着一个灯泡……

(据《现代女报》)

个人理解

1. 读这篇文章时,你的心情是什么样的?
2. 文章中的什么情景给你的印象最深刻?

阅读理解

一　你觉得课文可以分为哪几个部分,并且分别用一句话说明每一部分的意思

二　根据文章内容回答问题

1. 灯泡的包装纸上有一句什么提示?
2. 为什么要写这句话?
3. "我"为什么不相信?
4. "我"准备试验以前做了什么?

5. 试验的过程中发生了什么事？
6. 大家都是什么反应？
7. 问题最后是怎么解决的？
8. 出医院的时候"我"碰见了谁？

三 根据课文内容判断正误

☐ 1. 只有神经病才会把灯泡放入口中。
☐ 2. "我"的朋友想试试把灯泡放进口中。
☐ 3. "我"不相信朋友的话。
☐ 4. 回到家以后，"我"马上开始试验。
☐ 5. 灯泡放进去很顺利。
☐ 6. "我"没有用食用油。
☐ 7. "我"打电话向邻居求救。
☐ 8. 邻居帮"我"叫了一辆救护车。
☐ 9. 司机觉得这个试验很无聊。
☐ 10. 医生帮"我"取出了灯泡。

 **重点词语**

1. 提示	（动）	tíshì	to point out; prompt
2. 灯泡	（名）	dēngpào	light bulb; electric bulb
3. 包装	（名）	bāozhuāng	pack
4. 神经病	（名）	shénjīngbìng	mental disorder; crazy person
5. 塞	（动）	sāi	fill in; stuff
6. 卡	（动）	qiǎ	wedge; get stuck
7. 无论如何		wúlùn rúhé	in any event; in any case
8. 表面	（名）	biǎomiàn	surface
9. 光滑	（形）	guānghuá	smooth
10. 证明	（动）	zhèngmíng	prove; testify
11. 足够	（形）	zúgòu	enough
12. 理论	（名）	lǐlùn	theory
13. 左思右想		zuǒsī-yòuxiǎng	think over

14. 始终	（副）	shǐzhōng	from beginning to end; from start to finish
15. 专门	（副）	zhuānmén	specially
16. 以防		yǐ fáng	be prepared for
17. 绝	（副）	jué	absolutely; by any means
18. 轻松	（形）	qīngsōng	light; relaxed
19. 张(嘴)	（动）	zhāng (zuǐ)	to open
20. 求救	（动）	qiújiù	ask for help; seek help
21. 按	（动）	àn	press (with the hand)
22. 邻居	（名）	línjū	neighbor; people of the neighborhood
23. 浪费	（动）	làngfèi	waste; lavish
24. 痛苦	（形）	tòngkǔ	pain; suffering
25. 万分	（副）	wànfēn	very much; extremely
26. 开怀大笑		kāihuáidàxiào	laugh to one's heart's content
27. 碎	（形）	suì	break into pieces
28. 迎面	（副）	yíngmiàn	head-on; in one's face
29. 含	（动）	hán	to keep in the mouth

词汇练习

一 选词填空

塞　卡　提示　怀疑　证明　始终　张(嘴)　按　浪费　碎　求救

1. 您好！主人现在不在家，请您在（　　）音后留言，谢谢！
2. 他往我手里（　　）了一张纸条，然后跑开了。
3. 我们（　　）没有猜出她的真实年龄。
4. 我（　　）刚才那人拿错了我的书包。
5. 语音服务请（　　）1，查号请（　　）0。
6. 怎么（　　）1+1=2？
7. 遇到危险时，你首先应该想到向警察（　　）。
8. （　　）时间就是（　　）生命。
9. （　　）开嘴，说"啊——"。
10. 杯子掉在地上，（　　）了。

第十一课　眼见为实

11. 糟了！复印纸（　　　）在机器里了！

| 无论如何 | 表面 | 光滑 | 足够 | 理论 |
| 左思右想 | 绝 | 轻松 | 痛苦万分 | 专门 |

1. 我（　　　），怎么也不明白他为什么要这么做。
2. 我有很多时间，却没有（　　　）的钱去旅游。
3. 儿子出了事故，母亲坐在手术室的门外，（　　　）。
4. 地面很（　　　），走路要小心。
5. 我对语言学（　　　）很感兴趣。
6. 桌子（　　　）有很多土，一定是很长时间没人住了。
7. 我（　　　）不相信他会自杀。
8. 今年是我的本命年，妈妈（　　　）为我买了一条红腰带。
9. 考试全都结束了，我感到非常（　　　）。
10. 我（　　　）也不能把她的真实病情告诉她。

二　根据课文内容给画线部分找出合适的解释

1. 除了神经病，<u>谁会把灯泡塞进嘴里</u>？
   a. 谁能把灯泡塞进嘴里
   b. 没有人会把灯泡塞进嘴里
   c. 谁有能力把灯泡塞进嘴里
   d. 每个人都会把灯泡塞进嘴里

2. 有本书上也这么说，真的有人试过，而且<u>确实</u>拿不出来。
   a. 正确　　　b. 实在　　　c. 的确　　　d. 实际

3. 灯泡放进口中后<u>便</u>会卡住，无论如何也拿不出来。
   a. 方便　　　b. 就　　　c. 顺便　　　d. 更加

4. 灯泡放进口中后便会卡住，<u>无论如何</u>也拿不出来。
   a. 不管怎样　　　　　b. 不要什么办法
   c. 不管　　　　　　　d. 什么样

5. 对此我十分<u>怀疑</u>。
   a. 相信　　　b. 不明白　　　c. 不相信　　　d. 生气

6. 灯泡表面十分光滑,如果可以放进口中,证明口部足够大,因此理论上说应该可以拿出来。
   a. 从道理上说　　　　　　　b. 从理解方面说
   c. 无论如何　　　　　　　　d. 从讨论方面说

7. 我拿起一个灯泡左思右想,始终觉得我的想法没错。
   a. 想了一下　　　　　　　　b. 想了很多方法
   c. 想了一会儿　　　　　　　d. 想来想去

8. 我专门买了一瓶食用油,以防卡住拿不出来。
   a. 以为　　　b. 为了　　　c. 所以　　　d. 以前

9. 不用一秒钟,灯泡便滑入口中,照这样看,要拿出来绝无问题。
   a. 肯定没有问题　　　　　　b. 觉得没有问题
   c. 一定有问题　　　　　　　d. 不会有大问题

10. 我只好打电话求救。
    a. 请求帮助　　b. 帮助别人　　c. 要求帮助他　　d. 救助

11. 口中有个灯泡,如何说话?
    a. 什么　　　b. 不如　　　c. 比如　　　d. 怎么

12. 那些本来痛苦万分的病人,见了我都好像没病了,人人开怀大笑。
    a. 开玩笑　　　　　　　　　b. 打开门看着我笑
    c. 坏坏地笑　　　　　　　　d. 笑得很开心

三　找出文中和"笑"有关的词语或句子

_____

_____

四　填写副词或者关联词

1. (　　　)神经病,谁会把灯泡塞进嘴里?
2. 有本书上说,真的有人试过,(　　　)确实拿不出来。原因是灯泡放进口中后便会卡住,无论如何也拿不出来。

3. 灯泡表面十分光滑,(　　　)可以放进口中,证明口部足够大,(　　　)理论上说应该可以拿出来。

4. 不用一秒钟,灯泡便滑入口中,照这样看,要拿出来绝无问题。(　　　),我轻松地拉了一下灯泡,(　　　)再加点儿力,又把口张大一些。天哪,真的卡住拉不出来了!(　　　)还有一瓶油……

5. 三十分钟后,灯泡还是动也不动。我(　　　)打电话求救,号码(　　　)按了一半,(　　　)想起口中有个灯泡,如何说话?没办法,(　　　)写了张纸条,去敲邻居的门。

6. 司机一见我,(　　　)笑得半天也开不了车。在车上,他不停地说我的嘴太小,还说(　　　)是他(　　　)没问题。

小组活动

1. 把课文改成剧本,并表演这个故事(注意不要使用真灯泡)。
2. 回想自己以前做过的小试验,并与同学分享。
3. 搜集产品使用说明提示,看哪个组搜集得多。

一 片段练习

1. 读两遍文章中的开头,然后根据记忆写下来。
2. 找出阅读二中的动词,然后把它们连成一个小故事。

　　动词:_____

　　故事:_____

　　_____

　　_____

二 整体练习:三百字作文《眼见为实》

结构

第一部分:介绍一件你感到新奇或者不相信的事,注意文章的开头。

第二部分:具体故事。

第三部分:结论,说明"眼见为实"的道理(选做)。

 相关链接 ▶▶▶▶

在网上搜索"姆佩姆巴效应",看看相关资料

从这一课你学到了什么

1. _____

2. _____

第十二课 细节与成功

学习目的

1. 内容提示：关于成功的思考
2. 阅读技巧：叙述与议论的关系
3. 写作要求：简单议论

热身问题

1. 你对宇宙飞行有哪些了解？
2. 你觉得当宇航员的条件是什么？

阅读 一

成功从脱鞋开始

 提示：找出叙述部分与议论部分
字数：297字
时间：3分钟

四十多年前，苏联宇航员加加林乘坐"东方"1号宇宙飞船进入太空飞行了一百零八分钟，成为世界上进入太空飞行的第一人。他

在二十多名宇航员中,之所以能被选中,起决定作用的竟然是一件偶然的小事。

原来,在确定人选前一个星期,设计师科罗廖夫发现,在进入飞船前,只有加加林一人脱了鞋子,只穿袜子进入座舱。就是这个细节,一下子赢得了科罗廖夫的好感。他感到这个二十七岁的青年如此懂规矩,又如此珍爱飞船,于是决定让加加林执行这次飞行任务。

成功从脱鞋开始,初听这话,叫人觉得有点儿不可思议,但细细一想,又觉得十分有道理。脱鞋虽然是小事,但小事却能反映出一个人的品质和敬业精神。只有把每一件小事都做好,才有机会做成大事。

(据雅琴编著《小故事大道理》)

个人理解

1. 读这篇文章时,你有哪些联想?
2. 文章给你印象最深的是什么?

阅读理解

一 根据课文回答问题

1. 加加林是什么人?
2. 加加林为什么有名?

3. 他为什么被选中执行太空飞行任务？
4. 什么细节赢得了设计师的好感？
5. 为什么说"成功从脱鞋开始"？

二 分别用一句话说明各段的意思

1. _____
2. _____
3. _____

三 根据课文内容选择正确答案

1. 加加林是：
   a. 机长　　　　b. 设计师　　　　c. 宇航员

2. "东方"1号宇宙飞船在太空飞行了：
   a. 八十分钟　　b. 一百零八分钟　　c. 一百八十分钟

3. 这次太空飞行是世界上：
   a. 第二次　　　b. 第一次　　　　c. 第三次

4. 一起参加选拔的人共有：
   a. 十多位　　　b. 二十多位　　　c. 三十多位

5. 加加林进入飞船之前先：
   a. 脱下袜子　　b. 穿上特别的鞋子　　c. 脱下鞋子

6. 设计师决定让加加林执行飞行任务是因为：
   a. 他很懂规矩　　b. 他珍爱飞船　　　c. 二者都对

 重点词语

1.	宇航员	（名）	yǔhángyuán	astronaut; spaceman
2.	乘	（动）	chéng	ride; take
3.	宇宙飞船		yǔzhòu fēichuán	spaceship; spacecraft
4.	太空	（名）	tàikōng	outer space
5.	选中		xuǎnzhòng	to select out
6.	偶然	（形）	ǒurán	unexpected
7.	确定	（动）	quèdìng	definite; define firmly
8.	人选	（名）	rénxuǎn	candidate; person chosen for a certain purpose
9.	设计师	（名）	shèjìshī	designer
10.	座舱	（名）	zuòcāng	cabin
11.	细节	（名）	xìjié	details particulars
12.	好感	（名）	hǎogǎn	favorable impression
13.	规矩	（名）	guīju	well-behaved, well-disciplined
14.	珍爱	（动）	zhēn'ài	treasure; love dearly; cherish
15.	执行	（动）	zhíxíng	to carry out
16.	任务	（名）	rènwù	task
17.	不可思议		bùkěsīyì	unimaginable; inconceivability
18.	有道理		yǒu dàolǐ	reasonable; right
19.	反映	（动）	fǎnyìng	to reflect; make known
20.	品质	（名）	pǐnzhì	character; quality
21.	敬业	（动）	jìngyè	study or work diligently; respect work

专有名词

1.	加加林	Jiājiālín	*name of a person*
2.	科罗廖夫	Kēluóliàofū	*name of a person*

第十二课 细节与成功

词汇练习

一 搭配词语

1. 起   a. 规矩
2. 赢得   b. 飞船
3. 确定   c. 任务
4. 乘坐   d. 好感
5. 执行   e. 人选
6. 懂   f. 作用

二 选词填空

好感　偶然　乘　细节　反映　确定　规矩
不可思议　品质　珍爱　敬业　有道理

1. (　　)坐CA157次航班的旅客,现在开始登机。
2. 这个小玩具是我(　　)在超市里看到的。
3. 你(　　)你没有看错吗?
4. 有时候,从(　　)可以看出人的性格。
5. 开始我是对她有(　　),后来就爱上了她。
6. 去他家做客有很多(　　),你不要太随便。
7. 这是妈妈送给我的礼物,我很(　　)它。
8. 她不管吃多少都不会胖,真(　　)!
9. 你说得很(　　),可是也请听听我们的想法。
10. 这些新发型(　　)出年轻人的新追求。
11. 好习惯决定好(　　)。
12. 这个服务员很(　　),对顾客非常热情。

三 找出特殊词语

1. 飞行员　　宇航员　　设计师
2. 宇宙飞船　划船　　　座舱
3. 太空　　　宇宙　　　空气

四 选择合适的词语完成句子

1. 我敲了半天门,里边没有一点儿(反映/反应)。

2. 这么(敬业 / 事业)的人,怎么会出这样的问题呢?
3. 他总是抽烟,所以生这种病不是(偶然 / 必然)的。
4. 你(确定 / 一定)他说的都是真的吗?
5. 现在我给大家读一下有关考试的(规矩 / 规定)。
6. 每个人都应该(珍爱 / 珍贵)生命。

五　完成句子

1. 他之所以不爱她,_____。
2. 我们之所以来中国,_____。
3. 我之所以珍爱这块手表,_____。
4. 之所以大家都喜欢他,_____。

六　说说你觉得不可思议的事情

小组活动
搜集有关宇宙飞船的最新信息,并与同学分享。

第十二课　细节与成功

热身问题

1. 你有过找工作的经历吗？
2. 应聘时应该注意什么？

阅读 二

招　聘

 提示：找出代表作者观点的句子

 字数：470字

时间：5分钟

一次招聘会上，一个小伙子刚刚走到招聘经理面前，还没说话，经理就告诉他："行了，你已经被我录用了。"这个小伙子自己都感到很意外。他身旁的几个人自然不高兴了，说："你们这招聘是不是事先都内定了？"

经理说："没有。"

"那他还没有说话怎么就被录用了呢？"

经理的回答是这样的：

"因为我的招聘不是在跟应聘者谈话的时候才开始的，而是从我见到他的那一刻就开始观察了：这个小伙子走近办公室的时候，看到门口有一块抹布，他停下来用它把鞋底擦干净了才进屋，你们都没有这样做；我还特意在办公室地上放了一本书，你们是从这本书上迈过去的，只有他把书拾起来，然后很尊敬地递给了我；你们进屋后都坐在了椅子上，可是他刚刚坐下又站起来了，把座位让给了在他后面走进来的一位长者。就凭这三点我录用了他。第一,他进屋之前先把鞋底擦净,看得出这个人懂礼貌;第二,他眼睛能观察到细小的事物,说明他很严谨,有这样素质的人工作起来不容易出差错;第三,他看到长者进屋后马上主动让座,说明他富有爱心,而我们公司用人最重要的一条标准就是爱心。"

有时,要了解一个人,用不着面对面地谈上很久才能看清楚。

(据 2005 年 1 月 3 日《梦想吧·梦想论坛》,作者:王振国)

个人理解

1. 你对招聘者的做法怎么看?
2. 如果你是其他应聘者,听了经理的话会怎么想?

阅读理解

一 根据文章内容判断正误

☐ 1. 故事发生在招聘会上。
☐ 2. 来应聘的至少有四个人。
☐ 3. 小伙子没有说话就被录用了。
☐ 4. 小伙子并没感到意外。
☐ 5. 其他应聘者很不高兴。
☐ 6. 经理说明了录取小伙子的原因。
☐ 7. 招聘的结果是内定的。
☐ 8. 录用小伙子的原因有三个方面。
☐ 9. 有时,要了解一个人,用不着面对面地谈上很久才能看清楚。

第十二课　细节与成功

二 根据文章内容列表，比较小伙子和其他应聘者的不同

	小伙子	其他人
1.		
2.		
3.		

三 划出文章中议论的部分

四 根据文章内容填空

经理录用那个小伙子的三个原因是：

1. 他进屋之前先把鞋底擦净，说明他 ＿＿＿＿＿＿＿＿＿＿＿＿＿＿＿＿ 。
2. 他眼睛能观察到细小的事物，说明他 ＿＿＿＿＿＿＿＿＿＿＿＿＿＿＿＿ 。
3. 他看到长者进屋后马上主动让座，说明他 ＿＿＿＿＿＿＿＿＿＿＿＿＿＿ 。

重点词语

1. 招聘	（动）	zhāopìn	invite applications for a job
2. 小伙子	（名）	xiǎohuǒzi	young fellow
3. 经理	（名）	jīnglǐ	manager; director
4. 录用	（动）	lùyòng	to employ; take sb. on the staff
5. 意外	（形）	yìwài	unexpected
6. 事先	（名）	shìxiān	in advance; beforehand
7. 内定	（动）	nèidìng	(of an official appointment) decided at the higher level but not officially announced
8. 应聘	（动）	yìngpìn	be appointed to a position
9. 观察	（动）	guānchá	to observe carefully
10. 抹布	（名）	mābù	rag (to wipe things with)
11. 擦	（动）	cā	to wipe, to erase
12. 特意	（副）	tèyì	for a special purpose; specially
13. 迈	（动）	mài	to step; stride
14. 拾	（动）	shí	to pick up; collect

15. 尊敬	（动）	zūnjìng	respect
16. 递	（动）	dì	hand over; pass
17. 座位	（名）	zuòwèi	place to sit; seat
18. 长者	（名）	zhǎngzhě	elder
19. 凭	（介）	píng	based on; according to
20. 礼貌	（名）	lǐmào	courtesy; politeness
21. 细小	（形）	xìxiǎo	very small; tiny
22. 严谨	（形）	yánjǐn	rigorous; strict; careful and precise
23. 素质	（名）	sùzhì	quality
24. 差错	（名）	chācuò	mistake; error
25. 让座	（动）	ràngzuò	offer one's seat to sb.
26. 富有	（动）	fùyǒu	be rich in
27. 标准	（名）	biāozhǔn	(an official) standard

词汇练习

一 选词填空

观察 尊敬 事先 让座 内定 递
拾 应聘 招聘 擦 迈 录用

1. 你看到（　　）广告了吗？我想去试一试！
2. 经过多种考试，他终于被一家建筑公司（　　）了。
3. 我一般都在办公室，如果你要来，还是（　　）打个电话比较好。
4. 真不公平，还没有考试就（　　）了！
5. 我去一家公司（　　）了，正在等通知。
6. 警察仔细（　　）着周围，没有发现特别的情况。
7. 谁帮老师（　　）一下儿黑板？
8. 看见地上有水，他一步从上面（　　）了过去。
9. 地上有个钱包，他（　　）起来交到了失物招领处。
10. （　　）的各位来宾，下午好！
11. 我的笔没有水了，正在着急，同桌（　　）过来一支笔。
12. 很多公共汽车上都有这样一行字：请给老弱病残孕（　　）。

第十二课　细节与成功

细小　特意　富有　座位　凭　标准　礼貌　差错　素质　意外

1. 听到这个消息,我感到很(　　　)。
2. 这是妈妈(　　　)为我做的水果沙拉。
3. 你(　　　)什么只相信他不相信我?
4. 他连这么(　　　)的差别都看得出来,真不简单!
5. 有的人很穷,但很快乐;有的人很(　　　),可是并不快乐。
6. 请问这个(　　　)有人吗?
7. 与别人谈话时,用手指对方或者不看对方,都是不(　　　)的。
8. 很多教育家认为,(　　　)教育比应试教育更重要。
9. 他做事很严谨,极少出(　　　)。
10. 这次招聘,录用的(　　　)和去年一样。

二　语汇扩展练习

1. 长者　　老者　　学者　　读者　　智者　　记者　　作者
2. 招聘　　应聘　　解聘　　延聘
3. 让座　　让位　　让开

三　解释加点部分的词义,然后用它们各造一个句子

1. 这个小伙子感到很意外。
2. 你们这招聘是不是事先都内定了?
3. 我的招聘不是在跟应聘者谈话的时候才开始的,而是从见到他的那一刻就开始观察了。
4. 我特意在办公室地上放了一本书。
5. 就凭这三点我录用了他。
6. 有时,要了解一个人,用不着面对面地谈上很久才能看清楚。

四　从倒数第二段中找出所有的动词

合作学习

把文章的内容改成小品,然后表演

人物:经理1名、应聘者4名、老人1名。
道具:一块抹布、一本书、四把椅子。

一 片段练习

1. 根据阅读一写出你的议论文字。（模仿写作）
2. 根据阅读二写出你的议论文字。（模仿写作）

二 整体练习：三百字作文《细节与成功》

结构

第一部分：开头（可以是观点，也可以提出问题）。

第二部分：具体事例。

第三部分：议论。

参考词语句式：

    不是……而是……

    第一，……　第二，……　第三，……

 相关链接 ▶▶▶▶

在网上查看一下www.51zhaopin.com,看看有什么发现。

从这一课你学到了什么

1. _____

2. _____

综合练习（二）

第一部分：词语练习

一 找朋友：选择合适的搭配（可以有多个选择）

1. 答案填在空格内

锁	☐	
敲	☐	a. 汽车
开动	☐	b. 门
挖	☐	c. 病人
竖	☐	d. 性命
看望	☐	e. 坑
爆发	☐	f. 牌子
保住	☐	g. 战争
爱护	☐	h. 车
撞	☐	i. 花木
乘	☐	j. 人选
确定	☐	k. 眼
执行	☐	l. 皮鞋
擦	☐	m. 任务
张	☐	n. 病
睁	☐	o. 嘴
数	☐	p. 船
养	☐	q. 钱
治	☐	r. 马

2. 连线

不祥的　　　表面
光滑的　　　床
冰冷的　　　预感
瘦弱的　　　街道
寒冷的　　　身躯
黑暗的　　　冬天

二、选择正确的字组词

(庞、厌)倦　　标(淮、准)　　经(厉、历)　　疲(备、惫)　　震(憾、撼)
(坏、怀)疑　　安(尉、慰)　　(骏、俊)马　　(侄、控)制　　(人、入)内
打(拢、扰)　　(煤、媒)体　　神(精、经)病　　遇(偶、偶)然　　(遵、尊)敬
让(坐、座)　　偷(赖、懒)　　(淘、掏)气　　(挥、浑)身　　观(查、察)
(题、提)示　　(新、亲)戚　　(埋、理)论　　遗(撼、憾)　　(偷、愉)看

三、写出下列各词的近义词或反义词

1. 糟——
2. 祸——
3. 悲伤——
4. 开水——
5. 成人——
6. 倒霉——
7. 偶然——
8. 浪费——
9. 轻松——
10. 顶部——
11. 正确——

四、找出每组词语中的特殊词语

1. 隔壁　　墙壁　　邻居
2. 生产　　日期　　有效期　　保质期　　假期
3. 克　　公斤　　千克　　两　　块
4. 宇宙　　太空　　空气
5. 病毒　　电脑　　感冒

6. 深夜　　　清晨　　　冬天　　　下午　　　中午
7. 灯泡　　　喇叭　　　家长　　　花盆
8. 哭泣　　　微笑　　　笑呵呵　　开怀大笑
9. 袜子　　　抹布　　　裤子　　　毛衣　　　裙子
10. 移动电话　手机　　　电脑

五 观察下列每组词语，看看它们有什么共同之处

1. 拧　搂　捧　抢　按　摘　摔　抓　拾　抛
2. 冷饮　冰激凌　速冻　冷冻室　结冰
3. 袋　盒　匹　辆　杯　只　台

六 注意加点词语的不同含义

1. (1) 这个本子是谁的？
   (2) 我买了两本英汉字典。
   (3) 非本院机动车禁止入内。
2. (1) 他虽然很富有，可是没有知心朋友。
   (2) 这个小伙子富有同情心。
3. (1) 他带了一把刀，以防万一。
   (2) 万一你迷路了，就给我打电话。
4. (1) 好学生的标准是什么？
   (2) 他的发音很标准。
5. (1) 西方人用筷子很困难。
   (2) 去西天取经的路上，师徒四人经历了很多苦难。
6. (1) 大家把他围在中间。
   (2) 我选中了一条红色的围巾。
7. (1) 如果不能来，请向办公室请假。
   (2) 这个签名是假的。

七 选词填空

| 绝非 | 似的 | 始终 | 偷偷 | 趁 | 有道理 | 暗暗 |
| 反而 | 当天 | 当做 | 难道 | 忍不住 | 事先 |

1. 汽车怎么能在(　　)机动车道上开？
2. 你是他的朋友，怎么(　　)不帮助他？
3. 我们(　　)不知道她的真实年龄。

4. 旅行之后,他像变了一个人(　　　),比以前活泼多了。
5. 我(　　　)不把这件事告诉任何人。
6. (　　　)妈妈下班以前,我提前为她准备好了生日蛋糕。
7. 小王(　　　)对我说:"小张和小李分手了。"
8. 我把他姐姐(　　　)他妹妹了。
9. 考试的(　　　),我发了高烧。
10. 演讲比赛得了一等奖,我(　　　)马上打电话给父母。
11. 看到学生们如此努力,老师(　　　)高兴。
12. 你说的(　　　),可我还是想谈谈我的看法。
13. (　　　)我看错了?
14. 你怎么不(　　　)告诉我一下,现在我一点儿准备也没有。

递　可怜　理由　迷信　使用　证明　藏
同情　包装　安慰　遗憾　意外　足够　严重

1. 快(　　　)起来,你爸爸来了!
2. 快(　　　)给我一块纸巾,他鼻子在流血!
3. 我可以(　　　)一下这个电话吗?
4. 请假的(　　　)有很多种。
5. 谁说本命年会有大祸?你太(　　　)了!
6. 他伤得很(　　　),需要转到大医院治疗。
7. 这只小猫死了,真(　　　)!
8. 我很(　　　)那些不能上学的孩子。
9. 医生正在(　　　)病人的家属。
10. 很(　　　),这次机会不能给你了。
11. 买东西不能只看(　　　)。
12. 这次比赛再一次(　　　)了他的实力。
13. 因为我没有(　　　)的钱,所以不能参加这次旅行了。
14. 听到被录用的消息,他感到很(　　　)。

八 选择合适的词语完成句子

1. 你凭什么(怀疑/疑问)我?
2. 我去(应聘/招聘)那个职位了,可是不知道结果如何。
3. 这个孩子很懂(规矩/规定),像个小大人似的。
4. 20世纪90(时代/年代)出生的人有什么特点?

5. 他病得很(严重 / 严格),需要住院治疗。
6. (祝 / 祝贺)你一路顺风!
7. 母亲怎能不(关切 / 关心)孩子的健康?
8. 他摔伤了腿,行走很(苦难 / 困难)。
9. 加油站里(严禁 / 严谨)吸烟。
10. 机会难得,我一定(珍爱 / 珍惜)。
11. (通常 / 常常)情况下,水在零度以下就会结冰。
12. 我用老师教的方法(实验 / 试验)了一下,真的成功了。
13. 他是(专门 / 特意)研究中国历史的。
14. 自始(至 / 到)终,她也没有说出心中的秘密。
15. 请走地下(通行 / 通道)。

九　填空并解释意思

一成不(　)　　哭笑不(　)　　大惑不(　)　　痛苦(　)分

不可思(　)　　无论(　)何　　左思右(　)　　年轻力(　)

(　)不犹豫　　相比(　)下　　自以为(　)　　开怀大(　)

禁止(　)内　　请(　)打扰

十　词语扩展

例:养花　养狗　养猫　养鸟　养鱼　养孩子
　　战场　会场　操场　运动场　考场　舞场

长者＿＿＿＿＿＿＿＿＿＿＿＿＿＿＿＿＿
宇航员＿＿＿＿＿＿＿＿＿＿＿＿＿＿＿＿
设计师＿＿＿＿＿＿＿＿＿＿＿＿＿＿＿＿

十一　改正下面句子中的错字

1. 雪花漂下来,轻轻地落在行人的头上、肩上。
2. 我非常喜观做试验。
3. 我敲了半天门,里边一点儿反映都没有。
4. 这是我的请假条,请您批淮。
5. 冷藏后饮用,口感最住。
6. 他对我象好朋友一样。

第二部分：阅读写作练习

四副降落伞

字数：477 字

阅读时间：5 分钟

一架飞机上有五个人：飞行员、医生、聪明人、学生和运动员。他们一路上有说有笑，十分快乐。

快到目的地的时候，飞行员突然走到大家面前，说："告诉大家一个非常不幸的消息：我们的飞机出了问题，我没有办法修好，现在我需要向地面汇报情况。所以，各位再见了！"他拿起一副降落伞，正要往下跳，又回过头来，说了一句："对了，忘了告诉你们，飞机上一共只有四副降落伞，非常抱歉！"说完，他就跳了下去。

剩下的四个人你看我，我看你，不敢相信自己的耳朵。过了一分钟，医生说："我的病人在等着我，我当然不能死。对不起，我也下去了！"于是，他抓起第二个降落伞包，也跳了下去。

还剩下三个人，可是只有两副降落伞。这时候，聪明人站了起来，说："我是我们国家最聪明的人，我当然不能死。朋友们，再见了！"说完，抢了一个包，也跳了出去。

飞机里只剩下学生和运动员了。学生紧张地看着运动员，心想：他的力气比我大，我当然抢不到降落伞。而且，他也不想去抢降落伞，因为他是一个好心人。可是，好心人也不想死啊。

这时候,运动员笑了起来,说:"别担心,还有两副降落伞。"
"你说什么?"
"那位聪明人抢走的是我的背包。"

一 根据阅读内容回答问题

1. 这个故事发生在什么地方?
2. 故事里一共有几个人?
3. 他们遇到了什么问题?
4. 飞行员为什么要离开飞机?
5. 医生为什么要下去?
6. 聪明人为什么要下去?
7. 学生为什么没有抢降落伞?
8. 运动员为什么笑了?

二 对短文的第二段进行意群划分

三 就画线部分选择正确答案

1. 快到<u>目的地</u>的时候,飞行员突然走到大家面前。
   a. 眼睛可以看到的地方   b. 终点
   c. 一个新地方   d. 半空中

2. 告诉大家一个非常<u>不幸</u>的消息。
   a. 倒霉   b. 不幸福   c. 不行   d. 不高兴

3. 我们的飞机<u>出了问题</u>,我没有办法修好。
   a. 不安全   b. 出发的时候有问题
   c. 在问题外   d. 坏了

4. 现在我需要向地面<u>汇报</u>情况。
   a. 说明   b. 写   c. 看   d. 讲新闻

5. 飞机上一共只有四副降落伞,非常<u>抱歉</u>!
   a. 紧张   b. 对不起   c. 难过   d. 可怕

6. 剩下的四个人你看我，我看你，<u>不敢相信自己的耳朵</u>。
　　a. 觉得自己的耳朵有问题了　　b. 不能相信自己看见的事
　　c. 觉得自己听错了　　　　　　d. 怕听见他说的话

7. 他是一个<u>好心</u>人。
　　a. 聪明的　　b. 善良的　　c. 心脏很好的　　d. 没有病的

8. <u>别担心</u>，那位聪明人抢走的是我的背包。
　　a. 别怕　　b. 放心吧　　c. 别着急　　d. 别生气

四、选词填空（不必一一对应）

| 架　飞行员　聪明　运动员　目的地　突然　面前　不幸 |
| 消息　需要　汇报　情况　副　抱歉　剩　敢　相信　耳朵 |
| 于是　抓　抢　紧张　力气　担心 |

1. 看，天上有一（　）飞机！
2. 他的手套是蓝色的，我买的这（　　　）是黑色的。
3. 我从小就想当一名（　　　）。
4. 我们的（　　　）是上海。
5. 他（　　　）哭了，我们都不知道发生了什么事。
6. 真（　　　），她的第二个孩子出生不久也死了。
7. 考试的时候别（　　　），越（　　　）越考不好。
8. 大家都出去玩儿了，教室里只（　　　）我一个人。
9. 我们很多年没有见面了，所以他突然来到我的（　　　）时，我真不敢相信自己的眼睛。
10. 你别（　　　）他的话，他说的不是真的。
11. 我（　　　）你的帮助。
12. 快（　　　）住那只小狗！
13. 妈妈，别（　　　），我的病已经好了。
14. 我的（　　　）突然出了问题，什么也听不见了。
15. 真（　　　），我现在没有空儿，不能回答你的问题。
16. 你（　　　）从飞机上往下跳吗？
17. 他说狗比猫（　　　），我说不一定。

五 写作练习

1. 如果你听过相似的故事,请先讲一遍。
2. 根据你知道的故事写一个提纲。
3. 按照提纲把故事写出来。
   要求:四百至六百字。
   注意故事的时间顺序、人物关系和场景描写。
   内容完整,标点正确。

二 看图片,写出二百至四百字的故事

第三部分:分享

一 总结这一段的学习收获

二 朗读一篇你最满意的作文

部分练习参考答案

第一课

阅读一

阅读理解

一、1. c 2. a 3. b
二、1. √ 2. √ 3. × 4. × 5. √ 6. √ 7. × 8. × 9. √

词汇练习

二、1. 吵架 2. 互相 3. 发现 4. 闹钟 5. 停 6. 爱面子
　　7. 条子 8. 醒 9. 往
三、1. 电话 2. 汉字 3. 想法 4. 本子 5. 周末 6. 吃
　　7. 唱歌

阅读二

阅读理解

一、1. c 2. b 3. b 4. b 5. b

词汇练习

一、1. 酸奶 2. 冰箱 3. 教授 4. 美容 5. 订
　　6. 偷 7. 留 8. 贴 9. 通知 10. 任何
三、1. 订牛奶 2. 留条子 3. 贴通知 4. 偷东西

第二课

阅读一

词汇练习

阅读理解

二、1. ×　2. √　3. ×　4. √　5. √　6. ×　7. ×　8. ×　9. √
三、1. a　2. a　3. b　4. b　5. a

词汇练习

一、1. 磨　2. 又　3. 工厂　4. 力气　5. 力气
二、1. 下决心　2. 找工作/找斧子　3. 伐木　4. 砍树　5. 磨斧子　6. 增加工资
三、1. 范围　2. 条件　3. 下决心　4. 起劲儿　5. 惭愧　6. 力气　7. 加倍

阅读二

阅读理解

二、1. b　2. d　3. b　4. a

词汇练习

二、1. 碰　　　2. 掉　　　3. 抱怨　　　4. 倒霉　　　5. 悄悄
　　6. 拨动　　7. 伙伴　　8. 仍然　　　9. 工夫　　10. 居然
　　11. 围　　12. 心爱　　13. 一无所获　14. 寻找　15. 惊奇
三、1. 掉　　　2. 幸运　　3. 拔　　　　4. 围　　　5. 抱怨
　　6. 寻找　　7. 居然　　8. 悄悄　　　9. 心爱　　10. 碰

第三课

阅读一

阅读理解

一、1. ×　2. √　3. ×　4. √　5. √　6. ×　7. ×　8. ×

词汇练习

一、1. 聪明　2. 狡猾　自作聪明　得意

二、1. 作对　2. 自作聪明　3. 盘　4. 猜　5. 当场　6. 故意
　　7. 得意　8. 无话可说　9. 狡猾　10. 目的　11. 食言　12. 和棋

阅读二

阅读理解

一、1. b　2. c　3. c

词汇练习

一、1. 阴雨　2. 留　3. 趁　4. 工夫　5. 难免　6. 故意
　　7. 如此　8. 哭笑不得　9. 如何

写作练习

一、2.

　　19世纪德国的冯达诺(人名)在当编辑时,曾收到一个青年作家寄来的几首诗,还有一封信。信上写着:"我对标点向来是不在乎的,请您用时自己填吧。"冯达诺很快就给那个青年退了稿,并附信说:"我对诗向来是不在乎的,下次请您只寄些标点来,诗由我自己来填好了。"

第四课

阅读一

阅读理解

三、1. ×　2. ×　3. √　4. √　5. ×　6. √

词汇练习

一、1. 路过　经过　2. 报酬　工资　3. 愉快　快乐　4. 使劲　用力
　　5. 缺少　缺乏　6. 大厦　高楼　7. 激情　热情

二、1. 参与　2. 挣钱　3. 缺乏　4. 路过　5. 技术　6. 依然　7. 愉快　8. 意义

三、1. a　2. d　3. c　4. d　5. b

阅读二

阅读理解

二、1. ×　　2. √　　3. ×　　4. √　　5. ×

词汇练习

一、1. 艰难　　2. 掉　　3. 灰心　　4. 干燥　　5. 潮湿　　6. 愚蠢
　　7. 自言自语　　8. 绕　　9. 忙忙碌碌　　10. 感动　　11. 坚强　　12. 高度
二、1. 轻松　　2. 朝鲜　　3. 愉快　　4. 放心　　5. 快慢
三、1. 自言自语　　2. 忙忙碌碌　　3. 一无所获　　4. 灰心　　5. 艰难　　6. 干燥

第五课

阅读一

阅读理解

一、1. b　　2. d　　3. b　　4. c
三、拿不定主意　　举棋不定

词汇练习

一、1. a　　2. d　　3. c　　4. b　　5. a　　6. a
二、1. 回忆往事　　2. 碰见别人　　3. 做出决定　　4. 拿主意　　5. 考虑问题
三、1. 考虑　　2. 碰见　　3. 后悔　　4. 仍然　　5. 回忆　　6. 适合
　　7. 往事　　8. 糟糕　　9. 纳闷　　10. 一旦　　11. 教训
四、1. 发现　　2. 犹豫不决　　3. 教训　　4. 定做　　5. 适合　　6. 往事
　　7. 一旦　　8. 一时

阅读二

阅读理解

一、1. c　　2. b　　3. b　　4. a　　5. b　　6. d

词汇练习

一、1. 落　　2. 滚　　3. 喂养　　4. 捧　　5. 影响　　6. 舔
　　7. 允许　　8. 请求　　9. 哀求　　10. 答应　　11. 犹豫

1. 教训   2. 兴奋   3. 曾经   4. 意犹未尽   5. 机遇
二、1. 也许 2. 回答 3. 中华 4. 遇到 5. 教育 6. 滚 7. 要求 8. 安心

第六课

阅读一

阅读理解
一、d

词汇练习
二、1. 门票   2. 空格   3. 信纸   4. 过去   5. 中间
三、1. 代   2. 差   3. 空闲   4. 棒   5. 一般   6. 优秀
    7. 舒服   8. 末   9. 段   10. 选择 11. 目前   12. 状况
    13. 随   14. 附   15. 贴

阅读二

阅读理解
二、1. ×   2. ×   3. √   4. √   5. √

词汇练习
一、1. 牵挂 2. 一辈子 3. 歇   4. 舍不得 5. 懂事 6. 问候 7. 保重
二、1. 歇   2. 懂事   3. 保护 4. 舍不得 5. 问候 6. 牵挂
三、1. 称呼 2. 一声   3. 喝   4. 问号   5. 麻烦 6. 吃不了

综合练习（一）

第一部分

二、1. 吵架   发现   闹钟   教授   美容
     便条   任何   冰箱   伐木   木材
     锋利   范围   决心   鼓舞   加倍
     惭愧   道歉   抱怨   倒霉   拨动

部分练习参考答案

    伙伴   仍然   居然   报复   输赢
    故意   得意   狡猾   愚蠢   糟糕
    目的   食言   访友   难免   一旦
2. 如此   盛情   告辞   砌墙   参与
    大厦   缺乏   激情   依然   报酬
    愉快   使劲   艰难   墙壁   潮湿
    干燥   精神   感动   坚强   适合
    考虑   纳闷   教训   回忆   往事
    后悔   曾经   影响   喂养   允许
3. 哀求   兴奋   机遇   一般   决定权
    空闲   功课   优秀   成绩   及格
    真棒   舒服   暑假   选择   状况
    一辈子   问候   保重   此致   敬礼
    自作聪明   自言自语   忙忙碌碌   意犹未尽
    一无所获   犹豫不决   举棋不定   哭笑不得

三、主谓式：自作聪明   意犹未尽
    动宾式：伐木   下决心   爱面子   食言   访友   挣钱
             进城   懂事   砌墙
    联合式：寻找   输赢   阴雨   缺乏   潮湿   愚蠢
             喂养   自言自语
    偏正式：木屑   皮鞭   盛情   鸟巢   决定权   微笑
             大厦   鞋匠   往事
    动补式：拨动

四、1. 醒 2. 留 3. 贴 4. 猜 5. 绕 6. 歇 7. 围
    1. 惭愧   2. 道歉   3. 抱怨   4. 惊奇   5. 目的   6. 感动
    7. 坚强   8. 适合   9. 考虑   10. 回忆   11. 糟糕   12. 后悔
    13. 影响   14. 允许   15. 请求   16. 兴奋   17. 犹豫   18. 成绩
    19. 舒服   20. 选择

七、1.（1）爱面子 （2）丢面子   2.（1）发现 （2）发生
    3.（1）定 （2）订   4.（1）抱歉 （2）道歉
    5.（1）暗暗 （2）悄悄   6.（1）工夫 （2）功夫
    7.（1）居然 （2）依然   8.（1）不免 （2）难免
    9.（1）过路 （2）路过   10.（1）适合 （2）合适
    11.（1）经验 （2）教训   12.（1）已经 （2）曾经
    13.（1）问候 （2）问好

第二部分

二、2. (1) ×   (2) √   (3) ×   (4) √

3. (1) b   (2) a   (3) d   (4) b   (5) d   (6) a

第七课

阅读一

阅读理解

二、1. a   2. c   3. c   4. b   5. c   6. d   7. a

词汇练习

一、1. 窗户   2. 太阳   3. 轻松   4. 踢

二、1. 厌恶←→喜爱   2. 疲惫←→轻松   3. 瘦弱←→强壮   4. 冰冷←→温暖

5. 睁←→闭

四、1. 一成不变   2. 趁   3. 偷偷   4. 当做   5. 想象   6. 经历

7. 伤心   8. 动静   9. 吉祥   10. 预感   11. 搂

阅读二

阅读理解

一、1. d   2. c   3. a   4. c

词汇练习

一、

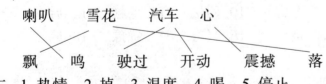

二、1. 热情   2. 掉   3. 温度   4. 喝   5. 停止

三、1. 寒冷   2. 开动   3. 驶过   4. 层   5. 飘   6. 震撼

第八课

阅读一

阅读理解

二、1. c 2. d 3. a 4. b 5. b

词汇练习

一、1. 埋银子 2. 挖坑 3. 竖牌子 4. 想办法 5. 产生怀疑

二、从前,有个叫张三的人(得)到了三百两银子。他从没见过这么多银子,非常怕被人(偷)走,可又不知道把银子放在哪里才(安全)。想来想去,(终于)想出了一个(自)认为最好的办法。(当天)夜里,张三在自家的院子里挖了一个深坑,把银子(埋)了下去。埋好以后还不放心,他又在旁边竖一个(牌子),上边写了七个大字:"(此地无银三百两)。"这才(放心)地回去睡大觉了。

三、1. 偷看 2. 当天 3. 怀疑 4. 挖 5. 埋 6. 隔壁 7. 忍不住
　　8. 工具 9. 捧 10. 数 11. 藏 12. 暗暗 13. 牌子

阅读二

阅读理解

三、1. c 2. d 3. d 4. b 5. c

词汇练习

一、1. 养 2. 安慰 3. 悲伤 4. 祝贺 5. 摔 6. 看望 7. 爆发 8. 抓 9. 保

二、1. 匹 2. 反而 3. 拼命 4. 控制 5. 断 6. 祸 7. 战争 8. 年轻力壮
　　9. 绝对 10. 战场

三、1. 骑马 2. 抓人 3. 看望病人 4. 保住性命

第九课

阅读一

词汇练习

一、1. 勿　2. 非　3. 人员　4. 本　5. 入内　6. 枝　7. 吸烟　8. 通道

二、1. 飞机　2. 花钱　3. 门口　4. 电脑

三、1. 打扰　2. 保护　3. 摘　4. 禁止　5. 使用　6. 通行　7. 禁

阅读二

词汇练习

二、1. 量　2. 袋　3. 盒　4. 此　5. 佳　6. 馅　7. 克　8. 处

三、1. 开水　2. 有效期　3. 保质期　4. 顶部　5. 常温　6. 食用　7. 速冻

第十课

阅读一

阅读理解

一、1. b　2. a　3. c　4. c　5. b　6. a

词汇练习

三、1. 花钱　2. 面条　3. 上课　4. 被子

四、1. 哭笑不得　2. 迷信　3. 淘气　4. 请假　5. 理由　6. 算命　7. 难　8. 呆　9. 准　10. 抢　11. 宝贝　12. 撞　13. 某　14. 关切　15. 一溜烟　16. 万一　17. 糟　18. 严重　19. 砸

阅读二

阅读理解

一、1. d　2. a　3. a　4. b

词汇练习

一、1. 偷看　　2. 时代　　3. 浑身　　4. 似的　　5. 通常　　6. 微笑
　　7. 可怜　　8. 同情　　9. 批准　　10. 年龄　　11. 治　　12. 大人
　　13. 相比之下　　14. 亲戚　　15. 车祸　　16. 安慰

三、1. a　2. b　3. d　4. a　5. a　6. a　7. b

第十一课

阅读一

阅读理解

二、d

词汇练习

二、1. 做实验　2. 结冰　3. 提出问题/疑问　4. 做出回答　5. 解决问题

三、1. 空调　2. 实在　3. 高兴　4. 正在　5. 教室

四、1. 遗憾　2. 毫不犹豫　3. 疑问　4. 课题　5. 大惑不解　6. 现象

阅读二

阅读理解

三、1. ×　2. ×　3. √　4. ×　5. √　6. ×　7. ×　8. √　9. ×　10. √

词汇练习

一、1. 提示　　2. 塞　　3. 始终　　4. 怀疑　　5. 按、按　6. 证明
　　7. 求救　　8. 浪费、浪费　　　　9. 张(嘴)　10. 碎　　11. 卡
　　1. 左思右想　2. 足够　3. 痛苦万分　4. 光滑　5. 理论
　　6. 表面　　7. 绝　　8. 专门　　9. 轻松　　10. 无论如何

二、1. b　2. c　3. b　4. a　5. c　6. a　7. d　8. b　9. a　10. a　11. d　12. d

第十二课

阅读一

阅读理解

三、1. c   2. b   3. b   4. b   5. c   6. c

词汇练习

一、1. 起作用   2. 赢得好感   3. 确定人选   4. 乘坐飞船   5. 执行任务
　　6. 懂规矩

二、1. 乘   　　2. 偶然   　　3. 确定   　　4. 细节   　　5. 好感   　　6. 规矩
　　7. 珍爱   　8. 不可思议   9. 有道理   10. 反映   　11. 品质   　12. 敬业

三、1. 设计师   2. 划船   　　3. 空气

四、1. 反应   　2. 敬业   　　3. 偶然   　　4. 确定   　　5. 规定   　　6. 珍爱

阅读二

阅读理解

一、1. √   2. √   3. √   4. ×   5. √   6. √   7. ×   8. √   9. √

四、1. 懂礼貌   2. 很严谨   3. 有爱心

词汇练习

一、1. 招聘   　2. 录用   　　3. 事先   　　4. 内定   　　5. 应聘   　　6. 观察
　　7. 擦   　　8. 迈   　　　9. 拾   　　　10. 尊敬   　11. 递   　　12. 让座

　　1. 意外   　2. 特意   　　3. 凭   　　　4. 细小   　　5. 富有   　　6. 座位
　　7. 礼貌   　8. 素质   　　9. 差错   　　10. 标准

综合练习（二）

第一部分

一、1. 锁门 b.　　　敲门 b.　　　开动汽车 a.　　　挖坑 e.　　　竖牌子 f.
　　看望病人 c.　　爆发战争 g.　　保住性命 d.　　爱护花木 i.　　撞车 h.

部分练习参考答案   177

乘车/船 h./p.　确定人选 j.　执行任务 m.　擦皮鞋 l.　张嘴 o.
睁眼 k.　　　　数钱 q.
养马 r.　　　　治病 n.

2. 不祥的 ——— 表面
   光滑的 ╲╱ 床
   冰冷的 ╳ 预感
   瘦弱的 ╳ 街道
   寒冷的 ╱╲ 身躯
   黑暗的 ——— 冬天

二、厌倦　标准　经历　疲惫　震撼
　　怀疑　安慰　骏马　控制　入内
　　打扰　媒体　神精病　偶然　尊敬
　　让座　偷懒　淘气　浑身　观察
　　提示　亲戚　理论　遗憾　偷看

四、1. 隔壁　2. 假期　3. 块　4. 空气　5. 感冒
　　6. 冬天　7. 家长　8. 哭泣　9. 抹布　10. 电脑

七、1. 非　2. 反而　3. 始终　4. 似的　5. 绝
　　6. 趁　7. 偷偷　8. 当做　9. 当天　10. 忍不住
　　11. 暗暗　12. 有道理　13. 难道　14. 事先

　　1. 藏　2. 递　3. 使用　4. 理由　5. 迷信
　　6. 严重　7. 可怜　8. 同情　9. 安慰　10. 遗憾
　　11. 包装　12. 证明　13. 足够　14. 意外

八、1. 怀疑　2. 应聘　3. 规矩　4. 年代　5. 严重
　　6. 祝　7. 关心　8. 困难　9. 严禁　10. 珍惜
　　11. 通常　12. 试验　13. 专门　14. 至　15. 通道

九、一成不(变)　哭笑不(得)　大感不(解)　痛苦(万)分　不可思(议)
　　无论(如)何　左思右(想)　年轻力(壮)　(毫)不犹豫　相比(之)下
　　自以为(是)　开怀大(笑)　禁止(人)内　请(勿)打扰

十一、1. 漂→飘　2. 观→欢　3. 映→应　4. 准→准　5. 住→佳　6. 象→像

第二部分

三、1. b　2. a　3. d　4. a　5. b　6. c　7. b　8. a

四、1. 架　　　　2. 副　　　　3. 飞行员　　4. 目的地　　5. 突然　　　6. 不幸
　　7. 紧张、紧张　8. 剩　　　　9. 面前　　　10. 相信　　　11. 需要　　12. 抓
　　13. 担心　　　14. 耳朵　　　15. 抱歉　　　16. 敢　　　　17. 聪明

词汇总表

A

哀求	āiqiú	5—2
爱护	àihù	9—1
爱面子	ài miànzi	1—1
安慰	ānwèi	8—2
按	àn	11—2
暗暗	ànàn	8—1

B

(门)把手	(mén)bǎshǒu	7—1
棒	bàng	6—1
包工头	bāogōngtóu	4—1
包装	bāozhuāng	11—2
宝贝	bǎobèi	10—1
保	bǎo	8—2
保质期	bǎozhìqī	9—2
保重	bǎozhòng	6—2
报酬	bàochou	4—1
报复	bàofù	3—1
抱怨	bàoyuàn	2—2
爆发	bàofā	8—2
悲伤	bēishāng	8—2
本	běn	9—1
边塞	biānsài	8—2
便条	biàntiáo	1—2
标准	biāozhǔn	12—2
表面	biǎomiàn	11—2
冰激凌	bīngjīlíng	10—1
冰冷	bīnglěng	7—1
冰箱	bīngxiāng	1—2
病毒	bìngdú	10—1
拨动	bōdòng	2—2
不可思议	bùkěsīyì	12—1
不祥	bùxiáng	7—1

C

擦	cā	12—2
猜	cāi	3—1
参与	cānyù	4—1
惭愧	cánkuì	2—1
藏	cáng	8—1
层	céng	7—2
曾经	céngjīng	5—2
差错	chācuò	12—2
差	chà	6—1
常温	chángwēn	9—2
潮湿	cháoshī	4—2
吵架	chǎojià	1—1
车祸	chēhuò	10—2
趁	chèn	3—2
成绩	chéngjì	6—1
成人	chéngrén	10—2
乘	chéng	12—1
冲服	chōngfú	9—2
处	chù	9—2
此	cǐ	9—2
此致	cǐ zhì	6—2

D

答应	dāying	5—2
打扰	dǎrǎo	9—1
大惑不解	dàhuòbùjiě	11—1
大厦	dàshà	4—1
呆	dāi	10—1
代	dài	6—1
袋	dài	9—2
当班	dāngbān	7—2
当兵	dāng bīng	8—2
当天	dàngtiān	8—1
当做	dàngzuò	7—1
倒霉	dǎoméi	2—2
道歉	dàoqiàn	2—1
得意	déyì	3—1
灯泡	dēngpào	11—2
嘀嗒	dīdā	2—2
地主	dìzhǔ	3—1
递	dì	12—2
掉	diào	2—2
顶部	dǐngbù	9—2
订	dìng	1—2
定做	dìngzuò	5—1
丢面子	diū miànzi	3—2
懂事	dǒngshì	6—2
动静	dòngjing	7—1
段	duàn	6—1
断	duàn	8—1

F

发现	fāxiàn	1—1
伐木	fámù	2—1
反而	fǎn'ér	8—2
反映	fǎnyìng	12—1
范围	fànwéi	2—1
访友	fǎng yǒu	3—2
非	fēi	9—1
封口	fēngkǒu	9—2
锋利	fēnglì	2—1
斧子	fǔzi	2—1
附	fù	6—1
富有	fùyǒu	12—2

G

干燥	gānzào	4—2
感动	gǎndòng	4—2
高度	gāodù	4—2
告辞	gàocí	3—2
隔壁	gébì	8—1
工夫	gōngfu	2—2
工具	gōngjù	8—1
工资	gōngzī	2—1
功课	gōngkè	6—1
鼓舞	gǔwǔ	2—1
故意	gùyì	3—1
怪	guài	3—1
关切	guānqiè	10—1
观察	guānchá	12—1
光滑	guānghuá	11—2
规矩	guīju	12—1
滚	gǔn	5—2

H

含	hán	11—2
含量	hánliàng	9—2

寒假	hánjià	6—1	教训	jiàoxun	5—1
寒冷	hánlěng	7—2	结冰	jié bīng	11—1
毫不犹豫	háobùyóuyù	11—1	仅	jǐn	2—1
好感	hǎogǎn	12—1	进城	jìn chéng	6—1
和棋	héqí	3—1	禁止	jìnzhǐ	9—1
盒	hé	9—2	经理	jīnglǐ	12—2
黑暗	hēi'àn	7—2	经历	jīnglì	7—1
后悔	hòuhuǐ	5—1	惊奇	jīngqí	2—2
互相	hùxiāng	1—1	精神	jīngshén	4—2
花木	huāmù	9—1	净	jìng	9—2
花盆	huāpén	10—1	敬礼	jìnglǐ	6—1
华裔	huáyì	5—2	敬业	jìngyè	12—1
怀	huái	7—1	居然	jūrán	2—2
怀疑	huáiyí	8—1	举棋不定	jǔqíbúdìng	5—1
灰心	huīxīn	4—2	决定权	juédìngquán	5—1
回忆	huíyì	5—1	绝	jué	11—2
浑身	húnshēn	10—2	绝对	juéduì	8—2
伙伴	huǒbàn	2—2	骏马	jùnmǎ	8—2
祸	huò	8—2			

J

K

			开动	kāidòng	7—2
机动车	jīdòngchē	9—1	开怀大笑	kāihuáidàxiào	11—2
机遇	jīyù	5—2	开水	kāishuǐ	9—2
激情	jīqíng	4—1	砍	kǎn	2—1
及格	jígé	6—1	看望	kànwàng	8—2
技术	jìshù	4—1	考虑	kǎolǜ	5—1
加倍	jiābèi	2—1	可怜	kělián	10—2
佳	jiā	9—2	克	kè	9—2
家长	jiāzhǎng	10—1	课题	kètí	11—1
坚强	jiānqiáng	4—2	坑	kēng	8—1
艰难	jiānnán	4—2	空格	kònggé	6—1
见	jiàn	9—2	空闲	kòngxián	6—1
狡猾	jiǎohuá	3—1	控制	kòngzhì	8—2
教授	jiàoshòu	1—2	哭泣	kūqì	7—1

哭笑不得	kūxiàobùdé	3—2	鸣	míng	7—2
苦苦	kǔkǔ	5—2	磨	mó	2—1
苦难	kǔnàn	7—1	末	mò	6—1
旷课	kuàngkè	10—1	某	mǒu	10—1
			木材	mùcái	2—1
			木匠	mùjiang	2—2
			木屑	mùxiè	2—2
			目的	mùdì	3—1
			目前	mùqián	6—1

L

喇叭	lǎba	7—2			
浪费	làngfèi	11—2			
乐呵呵	lèhēhē	10—1			
冷冻室	lěngdòngshì	11—1			
冷饮	lěngyǐn	10—1			

N

礼貌	lǐmào	12—2	纳闷儿	nàmènr	5—1
理论	lǐlùn	11—2	难道	nándào	7—2
理由	lǐyóu	10—1	难免	nánmiǎn	3—2
力气	lìqi	2—1	难	nàn	10—1
(用)量	(yòng)liàng	9—2	闹钟	nàozhōng	1—1
邻居	línjū	11—2	内定	nèidìng	12—2
留	liú	1—2	年龄	niánlíng	10—2
搂	lǒu	7—1	年轻力壮	niánqīng-lìzhuàng	8—2
录用	lùyòng	12—2	鸟巢	niǎocháo	5—2
路过	lùguò	4—1	拧	nǐng	7—1
落	luò	5—2			

O

偶然	ǒu'rán	12—1	

M

P

抹布	mābù	12—2			
麻雀	máquè	5—2			
埋	mái	8—1	牌子	páizi	8—1
迈	mài	12—2	攀	pān	9—1
忙忙碌碌	mángmánglùlù	4—2	盘	pán	3—1
媒体	méitǐ	11—1	抛	pāo	7—2
美容	měiróng	1—2	捧	pěng	5—2
门诊	ménzhěn	9—1	碰	pèng	2—2
迷信	míxìn	10—1			

碰见	pèngjiàn	5—1		人员	rényuán	9—1
批准	pīzhǔn	10—2		忍不住	rěnbuzhù	8—1
皮鞭	píbiān	3—1		任何	rènhé	1—2
疲惫	píbèi	7—1		任务	rènwù	12—1
匹	pǐ	8—2		仍然	réngrán	2—2
飘	piāo	7—2		日期	rìqī	9—2
拼命	pīnmìng	8—2		如此	rúcǐ	3—2
品质	pǐnzhì	12—1		如何	rúhé	3—2
凭	píng	12—2		入内	rù nèi	9—1

Q

S

棋	qí	3—1		塞	sāi	11—2
起劲儿	qǐjìnr	2—1		三鲜	sānxiān	9—2
砌	qì	4—1		舍不得	shěbudé	6—2
卡	qiǎ	11—2		设计师	shèjìshī	12—1
牵挂	qiānguà	6—2		身躯	shēnqū	7—1
墙壁	qiángbì	4—2		深夜	shēnyè	7—1
抢	qiǎng	10—1		神经病	shénjīngbìng	11—2
悄悄	qiāoqiāo	2—2		生产	shēngchǎn	9—2
敲门	qiāomén	7—1		盛情	shèngqíng	3—2
切(勿)	qiè(wù)	9—1		时代	shídài	10—2
亲戚	qīnqi	10—2		实验	shíyàn	11—1
轻松	qīngsōng	11—2		拾	shí	12—2
请假	qǐngjià	10—1		食言	shíyán	3—1
请求	qǐngqiú	5—2		使劲儿	shǐjìnr	4—1
求救	qiújiù	11—2		使用	shǐyòng	9—1
缺乏	quēfá	4—1		始终	shǐzhōng	11—2
确定	quèdìng	12—1		驶	shǐ	7—2
				事先	shìxiān	12—2

R

				适合	shìhé	5—1
				受伤	shòushāng	7—1
让座	ràngzuò	12—2		瘦弱	shòuruò	7—1
绕	rào	4—2		舒服	shūfu	6—1
人选	rénxuǎn	12—1		输赢	shūyíng	3—1

暑假	shǔjià	6—1
数	shǔ	8—1
竖	shù	8—1
摔	shuāi	8—2
水饺	shuǐjiǎo	9—2
似的	shìde	10—2
素质	sùzhì	12—2
速冻	sùdòng	9—2
酸奶	suānnǎi	1—2
算命	suànmìng	10—1
随	suí	6—1
碎	suì	11—2
锁	suǒ	7—1

T

太空	tàikōng	12—1
叹气	tànqì	4—2
淘气	táoqì	10—1
特意	tèyì	12—2
提示	tíshì	11—2
舔	tiǎn	5—2
条件	tiáojiàn	2—1
条子	tiáozi	1—1
贴	tiē	1—2
停	tíng	1—1
通常	tōngcháng	10—2
通道	tōngdào	9—1
通行	tōngxíng	9—1
通知	tōngzhī	1—2
同情	tóngqíng	10—2
痛苦万分	tòngkǔwànfēn	11—2
偷	tōu	1—2
偷看	tōukàn	8—1
偷懒	tōulǎn	10—2

| 偷偷 | tōutōu | 7—1 |

W

挖	wā	8—1
袜子	wàzi	10—1
万一	wànyī	10—1
万分	wànfēn	11—2
网	wǎng	4—2
往	wǎng	1—1
往事	wǎngshì	5—1
微笑	wēixiào	3—2
围	wéi	2—2
喂养	wèiyǎng	5—2
问候	wènhòu	6—2
翁	wēng	8—2
无	wú	1—2
无话可说	wúhuàkěshuō	3—1
无论如何	wúlùn rúhé	11—2
勿	wù	9—1

X

吸烟	xī yān	9—1
细节	xìjié	12—1
细小	xìxiǎo	12—2
下决心	xià juéxīn	2—1
馅	xiàn	9—2
相比	xiāng bǐ	10—2
想象	xiǎngxiàng	7—1
小伙子	xiǎohuǒzi	12—2
效应	xiàoyìng	11—1
歇	xiē	6—2
鞋匠	xiéjiang	5—1
信封	xìnfēng	6—1

兴奋	xīngfèn	5—2	饮用	yǐnyòng	9—2
醒	xǐng	1—1	迎面	yíngmiàn	11—2
性命	xìngmìng	8—2	影响	yǐngxiǎng	5—2
选择	xuǎnzé	6—1	应聘	yìngpìn	12—2
选中	xuǎnzhòng	12—1	优秀	yōuxiù	6—1
雪花	xuěhuā	7—2	犹豫	yóuyù	5—2
寻找	xúnzhǎo	2—2	犹豫不决	yóuyùbùjué	5—1
			有道理	yǒu dàolǐ	12—1
			有效期	yǒuxiàoqī	9—2
	Y		愉快	yúkuài	4—1
			愚蠢	yúchǔn	4—2
烟火	yānhuǒ	9—1	宇航员	yǔhángyuán	12—1
严谨	yánjǐn	12—2	宇宙飞船	yǔzhòu fēichuán	12—1
严禁	yánjìn	9—1	预感	yùgǎn	7—1
严重	yánzhòng	10—1	院	yuàn	9—1
厌倦	yànjuàn	7—1	院子	yuànzi	8—1
养	yǎng	8—2	允许	yǔnxǔ	5—2
一般	yìbān	6—1			
一辈子	yíbèizi	6—2			
一成不变	yìchéngbúbiàn	7—1		**Z**	
一旦	yídàn	5—1			
一溜烟	yíliùyān	10—1	砸	zá	10—1
一时	yìshí	5—1	糟糕	zāogāo	5—1
一无所得	yīwúsuǒdé	4—2	摘	zhāi	9—1
一无所获	yìwúsuǒhuò	2—2	战场	zhànchǎng	8—2
依然	yīrán	4—1	战争	zhànzhēng	8—2
移动电话	yídòng diànhuà	9—1	张（嘴）	zhāng (zuǐ)	11—2
遗憾	yíhàn	11—1	长者	zhǎngzhě	12—2
疑问	yíwèn	11—1	招聘	zhāopìn	12—2
以防	yǐ fáng	11—2	珍爱	zhēn'ài	12—1
意外	yìwài	12—2	震撼	zhènhàn	7—2
意义	yìyì	4—1	睁	zhēng	7—1
意犹未尽	yìyóuwèijìn	5—2	正确	zhèngquè	11—1
阴雨	yīnyǔ	3—2	证明	zhèngmíng	11—2
银子	yínzi	3—1	挣钱	zhèngqián	4—1

枝	zhī	9—1	准	zhǔn	10—1
蜘蛛	zhīzhū	4—2	自言自语	zìyán-zìyǔ	4—2
执行	zhíxíng	12—1	自以为是	zìyǐwéishì	11—1
至	zhì	10—2	自作聪明	zìzuòcōngming	3—1
治	zhì	10—2	总统	zǒngtǒng	5—1
中等	zhōngděng	6—1	足够	zúgòu	11—2
贮存	zhùcún	9—2	尊敬	zūnjìng	12—2
祝贺	zhùhè	8—2	左思右想	zuǒsī-yòuxiǎng	11—2
抓	zhuā	8—2	作对	zuòduì	3—1
专门	zhuānmén	11—2	座舱	zuòcāng	12—1
状况	zhuàngkuàng	6—1	座位	zuòwèi	12—2
撞	zhuàng	10—1			